根岸智幸
NEGISHI TOMOYUKI

ほんの1秒もムダなく片づく情報整理術の教科書

技術評論社

免責

本書に記載された内容は、情報の提供のみを目的としています。したがって、本書を用いた運用は、必ずお客様自身の責任と判断によって行ってください。これらの情報の運用の結果について、技術評論社および著者はいかなる責任も負いません。

本書記載の情報は、2015年5月5日現在のものを掲載していますので、ご利用時には、変更されている場合もあります。

また、ソフトウェアはバージョンアップされる場合があり、本書での説明とは機能内容や画面図などが異なってしまうこともあり得ます。本書ご購入の前に、必ずバージョン番号をご確認ください。

以上の注意事項をご承諾いただいた上で、本書をご利用願います。これらの注意事項をお読みいただかずに、お問い合わせいただいても、技術評論社および著者は対処しかねます。あらかじめ、ご承知おきください。

商標、登録商標について

本文中に記載されている製品の名称は、一般に関係各社の商標または登録商標です。なお、本文中では™、®などのマークを省略しています。

はじめに

なぜ、仕事には整理が必要なのか?

そもそも「仕事」とはどういうものか

　世の中にはいろいろな仕事がありますが、現代社会ではいわゆる「ホワイトカラー」が増え続けていて、いまや労働人口の55％以上を占めています。ホワイトカラーとは、農業や工場などの肉体労働者ではなく、机に向かって仕事をする人を指します。一般には、営業、企画、総務、人事、経理などの職種が思い浮かびますが、ウェブやアプリを作るソフトエンジニア、制作の仕事、広報、研究開発職などもホワイトカラーの一種です。また、農業や工場でも、管理者や経営者になるとホワイトカラー的な仕事になってきます。

　これらの人は何をやっているのでしょう?

「記録し、整理して、文書化する」

　極論すると、こうなります。
　ひと言で「文書」といってもさまざまです。発注書、見積書、請求書、企画書、提案書、稟議書、議事録、報告書、精算書、事業計画書、プレスリリース、ラフレイアウト、ワイヤーフレーム、HTML、イラスト、写真、ポスター、原稿、版下、論文、特許出願書、etc.
　たくさんの文書がありますが、これらの目的はたった1つ。「読む人に情報を伝えること」です。発注書は「注文する製品の種類と数と価格」を伝えます。企画書は「新しく行う仕事の目的と方法と効果」を伝えます。議事録は「会議で何が話し合われ決定したか」を、ラフレイアウトは「どんなデザ

インや配置にしたいか」を伝えます。つまり、文書を作る目的は、「情報を伝える＝コミュニケーションする」ことです。
　文書に記載される情報は整理されていることが大切です。

　いつまでに（日時）、何を（対象）、いくつ（数）、どこに（場所）届けてほしいのか。
　そういった情報を、読む側がまちがえないように整理して伝える。
　そのために、正確で伝わりやすい文書を作る。

　それがホワイトカラーの仕事のかなりの部分を占めています。

なぜ、仕事がスムーズにいかないのか

　「そんなかんたんなこと」と思うかもしれません。しかし、そのかんたんなことができないばかりに、仕事の効率が落ちていませんか？
　2014年1月13日の日本経済新聞に掲載された『改善すべきは「労働生産性が低い」日本人の働き方』という記事では、以下のような日本人の労働生産性の低さや長時間労働が問題になっていることが指摘されています。

- 2011年のOECD（経済協力開発機構）の調査では、日本人1人あたりの総労働時間は平均1700時間で、ほかの先進国と比べると200〜300時間も長い
- 1時間あたりの労働生産性は、アメリカが約60ドルなのに対して、約40ドルしかない

　朝9時から夜の9時、10時ごろまで、12時間以上働いている人の話はめずらしくありません。長時間働く理由は、仕事が多いからです。
　しかし、すべてが本当に必要な仕事でしょうか？
　仕事の目的や条件を上手に伝えられなかったために、ムダな仕事や、ま

ちがいによるやり直しが生じていませんか?
　筆者は30年以上に渡ってさまざまな会社のさまざまな現場で働いてきましたが、効率の良い現場と悪い現場、仕事ができる人とできない人の差をたくさん見てきました。効率が悪い人、仕事ができない人の特徴はだいたい決まっています。

1. いつも目の前の仕事を片づけるのに追われていて余裕がない
2. 情報が整理されておらず、探すのに時間がかかる
3. 発注でも受注でもミスや漏れが多い

　こういう効率の悪さを、長時間労働の力業でカバーできる人もいます。しかし、そういう人は周囲に迷惑をかけて全体の効率を落としたり、最終的に自分の心や体をすり減らしてしまったりします。

整理をすれば、すべてが変わる

　目の前の仕事に追われて、次の仕事の準備が疎かになる。
　次の仕事も、準備不足のために、試行錯誤やミスによる手戻りが多発して、時間を使いすぎる。
　その結果、その次の仕事も準備不足で……。

　この悪循環を断ち切る方法は、ただ1つ。「整理を怠らない」ことです。

　情報を整理することで、仕事の材料を抜け漏れなく準備でき、まちがいや手戻りがなくなります。
　スケジュールとToDoを整理することで、仕事の順番に優先順位をつけて、心と時間の余裕をもって仕事に集中できます。
　目的、課題、アイデアを整理することで、何をすべきで、何をやる必要がないのかが明確になり、ムダな仕事が減ります。

整理を始めると、いろいろなことが明確になってきます。それまで、ぼんやりと霧がかかったような状態で手探りでやっていた仕事が、目的と状況がはっきりと見えて、自信を持ってできます。
　必要な仕事を、十分なクオリティでできるから、遠慮なく定時で帰れます。いままで、周囲の空気を読んで定時で帰れなかったのは、たぶん自分の仕事＝自分自身に自信が持てなかったからなのです。
　情報と状況を整理し、ビジョンを持つ者だけが仕事を制します。勇気をもって整理と準備に時間をかけるべきなのです。

すべての仕事は3ステップで整理できる

　筆者は30年近くの間にさまざまな仕事をしてきました。大型汎用コンピュータのソフトウェアエンジニアから出発し、雑誌記者／編集者、Webサイトのディレクター、プログラマー、広告企画の立案、セルフ電子出版の運営企画などなど。出版とITにまつわる何でも屋です。
　その中で、ありとあらゆる「文書」を作成しました。企画書、仕様書、提案書、事業計画書、契約書、ラフレイアウト、雑誌や単行本の原稿、プレゼンのスライド、プレスリリース、各種プログラム、ウェブサイトのHTMLとCSS、電子書籍のEPUB、チラシのDTP版下、etc.
　これらは異なった仕事に見えますが、実際にはどれも同じ手順でした。

1. 必要な要件を整理して決める
2. 素材を集めて整理する
3. 見やすく整形（整理）してアウトプットする

　この3つのステップのすべてが、「何かを整理する」ことです。

最新の手段を活用して情報整理を効率化しよう

　文書を整理するための手段として、現在はパソコンとインターネットという便利な道具を使えます。特に、ここ最近急速に進化した「クラウドサービス」によって、ビジネスの情報整理はとても便利になりました。それまでバラバラだった情報を1カ所に集め、同じやり方で整理できるようになったのです。さらに、ビジネスでつながった人たちの仕事環境がつながって、スムーズにコミュニケーションできるようになりました。

　クラウドサービスを使いこなせば、ミスとやり直しを減らし、仕事のクオリティを上げ、残業を減らせます。しかも、クラウドサービスの多くは無料であったり低価格です。

　若い頃は長時間会社に滞留しながらも締め切り破りの常習犯であった筆者ですが、いまはほとんど残業せず、締め切りを守れるようになりました。ミスや失敗によるやり直しが減った代わりに、レポートや企画書などの成果物を出すときは早めに第一稿、第二稿を出して意見をもらって調整し、仕事の精度を上げることに力を注げるようになったためです。

　より高い成果をあげて、堂々と定時で帰るために、最新の手段を使って仕事を整理していきましょう。

目次

第1章
仕事を整理する準備をする

仕事の整理に役立つ道具とは

情報や書類のデジタル化とクラウドサービスの登場で
整理が劇的にかんたんに ……………………………………… 22

7大クラウドサービスとは ……………………………………… 23

「ワンポケットの原則」をどう実現するか

書類の置き場所を常に1つの場所に決めておく ……………… 25

デジタル時代にワンポケットを実現する難しさ ……………… 25

ワンポケットからツー・ルールへ ……………………………… 26

受信箱を決めないと仕事が混乱する …………………………… 27

受信箱の中身は3種類に分け、常に空になるようにする …… 28

分類と検索を使い分ける ………………………………………… 29

スマホとパソコンをクラウドで同期させてワンポケットを実現 …… 31

クラウドサービスの基本を理解する

クラウドサービスを使うための3つの手順 …………………… 33

WebブラウザをChromeに変えよう …………………………… 35

column　Chromeを使う上で気をつけること ………………… 38

Googleアカウントを取得する …………………………………… 38

安全なパスワードについて知っておく ………………………… 41

IDとパスワードの管理を効率化するには ……………………… 42

ブックマーク、設定、拡張機能を同期する …………………… 44

セキュリティのリスクを意識しよう …………………………… 45

仕事とプライベートでGoogleアカウントを使い分ける方法 … 46

共有ファイルを開くアカウントをデフォルトに ……………… 48

第2章
ファイルを整理して管理の手間を最小限にする

受信箱をつくり、空にすることを心がけよう
　ファイル仕分けのルール ... 50
　どんなタイミングでファイルを仕分けるか ... 53
　こんなファイルの分類はやってはいけない ... 53
　ファイルはプロジェクト別に分ける ... 54
　終わったプロジェクトはアーカイブする ... 55
　プロジェクト管理は公私混同で ... 56
　ファイル整理をスムーズに行うための準備 ... 56

ファイル検索を効率良くするには
　場所や種類を限定することで、素早く探す ... 59
　ファイルは「作業用」と「リファレンス」に分けて考える ... 60
　ルーチンワークを「長期的なプロジェクト」として定義する ... 60
　あとから見つけやすい名前をつける2つのルール ... 61
　ファイル名に日本語を付けてはいけない？ ... 63
　英数字は半角を使おう ... 63

「どこでもワンポケット」をDropboxで実現する
　複数サービスを使うぐらいなら「投資」と思って有料プランに ... 66
　うっかり削除や上書きしたファイルを復活させるには ... 67
　ブラウザのダウンロード先を選択可能にしておこう ... 71

第3章
メールを整理して
ミスやストレスをなくす

メールの整理はGmailを基盤にする
「メール環境」の2つの要素　74
Gmailのどこが優れているか　75
Gmailの3大機能を知る　76

スレッドを使いこなすために知っておきたい4つのルール
1. なにもしなくても、返信の流れが1つのスレッドになる　80
2. 既読メールは、タイトルだけ表示される　81
3. 返信するときに件名を変えてはいけない　81
4. 返信で違う話題を書いてはいけない　81

読み終わったメールはアーカイブする
未読メールをどんどん処理するサイクルを作ろう　82
件名だけで判断して一括アーカイブ　83
アーカイブしたメールをもう一度見たいときは　83

メールは分類せず、検索する
細かく分類して整理するのはやめよう　84
送信元や宛先の名前で検索するときの注意　84
検索条件を細かく指定して絞り込むには　85
検索条件指定を覚えるのが面倒ならば　86

メールを手際よく捌くコツ
「なんとなく手が付けやすい順番」で対応していると混乱する　87
受信トレイを空にするだけで、ミスや遅れが劇的に減る　88

受信トレイを空に保つための4つのルール 89
　　短くても返事をすることが大事 90
　　すぐに処理できないメールは、転送する 90
　　データ登録用のメールアドレスを登録する 91
　　後から参照したいスレッドはEvernoteに保存する 92
　　メーリングリストやメルマガは自動振り分けで受信トレイに表示しない 94

相手から連絡しやすいように、署名に自分の連絡先を入れておく
　　なぜ、メールの署名欄に自分の連絡先を入れておくべきか 98
　　署名のフォーマットをおさえる 98
　　Gmailで署名を設定するには 99
　　署名による情報漏洩に注意 100

ちょっとした配慮で差が出る送信の効率化
　　読んでほしい相手にはCcではなくToで送る 101
　　Ccメールの氾濫は問題？ 101
　　読んでほしい相手にはCcではなくToの連名で 102
　　「全員に返信」をデフォルトにしよう 103
　　だれがメールに参加しているか確認して、誤爆を避ける 103
　　よく使う文面はひな形を作って再利用 104
　　リンクからGmailを起動できるようにする 105

連絡先を整理して送信のミスを最小限にする
　　「メールアドレス」の落とし穴とは 107
　　連絡先を整理するには 109
　　よく連絡する相手は連絡先の「グループ」でまとめておこう 109

写真やイラストなどの画像を送る時のマナーをおさえる
　　画像をWordやExcel、PowerPointに貼り付けて送るのは
　　　まちがったマナー 113

コンピュータのデータは生のままがベスト	113
「添付」と「追加」を使い分ける	114
添付で画像を送るには	115
挿入（追加）で画像を埋め込むには	118

添付で送るべき文章と、送るべきでない文章をきちんと区別する

| 短い文章を添付ファイルにして送るのはナンセンス | 121 |
| 送るべきテキストと地の文をきちんと分ける | 121 |

長いURLは短縮して送る

URLをメールの本文に貼るとうまく表示されないことが	123
bit.lyのWebでURLを短縮する	123
Chromeの拡張機能でbit.lyのURL短縮をもっと便利に	124
column　Googleの短縮URLサービスを利用するには	126

添付のストレスを最小限にするには

ファイルの数が多いときは圧縮ファイルにまとめて送る	127
複数の添付ファイルはまとめてダウンロード	128
添付忘れをチェックするには	129
まちがって送信したメールを取り消せる	130

大きなファイルや更新頻度が高いファイルはクラウドで共有

添付ファイルが仕事のミスや混乱の原因になる	131
Googleドライブでは公開の範囲をきちんと制限する	132
Googleドライブ上のファイルを特定のユーザーと共有する	134
Dropboxを使ってファイルを送る	138
Dropboxユーザー同士でフォルダを共有する	140
フォルダ共有に招待するときは必ず相手のアドレスを確認しよう	145

出先のパソコンでGmailを使うときの注意点
- 不特定多数の人が利用できる環境に潜むリスクとは ... 146
- どうしても使わなければならないときは ... 147

第4章
スケジュールを整理して使える時間を最大化する

手帳は使わず、Googleカレンダーを使おう
- Googleカレンダーを使う6つのメリット ... 150
- 予定の詳細や繰り返しイベントを設定する ... 152
- メールの通知は1日前、ポップアップは10分前に ... 154

「場所」を制する者がスケジュールを制する
- 予定の名前に「どこで」も含めよう ... 156
- 件名の後半に「@」で場所を入れて文字数を圧縮 ... 156
- 予定の詳細情報に住所を入力してGoogle Mapsで地図を表示 ... 157

予定の管理は積極的に「公私混同」すべき
- 仕事とプライベートを分けるのは非効率的 ... 160
- 複数カレンダーでプライベートと仕事を分ける ... 160

習慣やルーチン、移動時間や作業予定も埋めておく
- 予定を埋めると「使える時間」が見えてくる ... 163
- ルーチンワークや生活習慣は別カレンダーにする ... 164

イベントを効率的に管理するコツ
- 終日イベントは別カレンダーに ... 165
- うるさくない色に変えておこう ... 166

column　iPhoneでスケジュールが見やすいアプリを導入する　168

第5章
ToDoを整理してやるべきことをミスなく効率的にこなす

GoogleタスクでやるべきことをToDo整理する
- Googleタスクの基本をおさえよう　170
- ToDoに期限を設定して「いつ」やるかを明確にする　172
- ToDoをプロジェクトごとにグループ化して見とおしをよくする　174
- 複雑なタスクを分割して整理する　176

大量のToDoをNozbeで柔軟に管理する
- Googleタスクの限界　178
- Nozbeの基本をおさえよう　180
- Googleカレンダーと連携して計画と実行をスムーズに　184
- タスクに所要時間と日付を設定する　185
- タスクに資料を紐づける3つの方法　188
- タスクの登録を一発で終わらせるには　189

複雑なタスクを分割して管理する
- タスク内チェックリストを使う　191
- タスクをプロジェクト化する　193

「繰り返し」と「テンプレート」でルーチンワークをラクに
- プロジェクト・テンプレートを作業マニュアル兼チェックリストとして使う　195
- タスクのリピート機能で早めにルーチンに取りかかる　196
- column　スマートフォンアプリで生活習慣を作り上げる　198

第6章
メモやノートを効率的に記録し、整理して、活用する

メモとノートを整理する仕組みを整える
 「メモ」と「ノート」の違いとは ……202
 メモやノートを活かすための3つのステップ ……203
 Evernoteを記録の要にしよう ……203
 Evernoteを使うために知っておくべき4つの概念 ……204
 Evernoteに3つの箱を作る ……205
 ノートブックが見やすいようにしておく ……210
 すべてのメモやノートはとりあえず受信箱に放り込む ……211
 Evernoteを使った仕事の手順 ……211

メモの基本をおさえる
 会議中のメモをとるとき ……213
 急いでメモをとりたいときは ……213
 打ち合わせの内容はホワイトボードに書いてスマホで撮影する ……216

メモを整理・編集してノートを作り、共有する
 散らばったメモを整理してまとめておく3つのメリット ……218
 複雑な作業をしたら、手順を記録しておこう ……218
 2つのウィンドウでメモをまとめると効率的 ……219
 ノートを共有する ……219

タグを使いこなして検索・分類をスッキリ整理
 ノートブックは作業スペース、タグは検索・分類用と考える ……221
 タグを整理する3つのルール ……222
 タグも受信箱、プロジェクト、アーカイブで整理しよう ……223

重要な資料には「★」タグをつけておく　224
　　★の数で評価を表現するときのコツ　225
　　よく参照するリファレンス情報にはショートカットを作る　225

スマートフォンで快適に使うためのコツ
　　Evernoteのリスクとは　227
　　オフラインノートでいつでも素早くノートにアクセスする　227
　　column　タグはスマホでオフラインに指定できない　229

第7章 アイデアや課題を効率的に整理する

頭の中のもやもやをスッキリまとめるには
　　アウトラインプロセッサを使いこなそう　232
　　Wordをアウトラインプロセッサとして使う利点と難点　233
　　EvernoteやGoogleドキュメントを簡易アウトラインプロセッサとして使う　233
　　本格的にアイデアを整理するにはWorkFlowyで　235

WorkFlowyでアイデアを整理するための基本
　　アイデアは受信箱へ　238
　　プロジェクトでアイデアをまとめたり掘り下げたりする　238
　　完了したトピックはアーカイブへ　240

アイデアや課題を上手に整理するコツ
　　階層を作るときは粒度にこだわる　241
　　ブレーンストーミングではとにかくメモして、あとから書き写す　242

アイデアや課題のリストを共有するには

WorkFlowyでアウトラインを共有する4つの方法 ... 243
受信箱を共有フォルダにする ... 244

アウトラインからアウトプットへつなげる方法

アウトライン化したリストを表にまとめる ... 246
Googleドキュメントにペーストして作業する ... 248
OPMLの読めるアウトラインプロセッサを使う ... 250

第8章
大量の情報を効率的に収集し、整理する

効率よく検索するための4つの基本

情報収集の基本は検索 ... 254
複合語や文章で検索する ... 255
検索対象期間を指定する ... 255
検索対象Webサイトを指定する ... 256
英語で検索する ... 256

ページめくりを減らして時間と手間を節約する

オートページャーを利用する ... 258
複数ページを読み込ませてからページ内キーワード検索 ... 259

検索して得た情報はどのように保存すればいいか

Evernote Web ClipperでWebページを保存する5つの方法 ... 260
オプション指定でより便利に ... 263

タブ表示を使いこなして情報を一気に収集する
　タブを使った情報収集の流れ ... 266
　Chromeのタブを使いこなす7つのテクニック ... 267

重要な情報を見失わないようにする
　開いているタブをすべてブックマークする ... 271
　OneTabでタブをリンクリスト化し、Evernoteにクリップする ... 271
　Webブラウザの履歴から情報を掘り起こす ... 272

紙と上手につきあう
　紙の利点と欠点とは ... 274
　紙データを捨てる方法 ... 274
　column　プリンタを買うならADF複合機 ... 275
　名刺は「Eight」で効率的に管理 ... 276
　column　名刺は機械認識と人力入力、どちらがいいか？ ... 278

アンケート調査と集計をスマートにやる
　Googleフォームを活用する ... 280
　集計も自動でできる ... 282

地図や連絡先はパソコンで調べ、スマホで持ち歩く
　あえて動かない地図を使う ... 283
　道順をテキスト化する ... 283

FacebookやTwitterで出会った情報を再利用する
　「フロー」の情報を「ストック」に ... 284
　「ツイエバ」でツイートを1日分ごとにEvernoteに保存する ... 285
　ツイートに含まれるURLをはてなブックマークに保存する ... 285
　Facebookへの投稿はTwitterに転送しよう ... 286

電子書籍・電子雑誌で情報収集を効率的に

- 電子書籍の3つのメリット　288
- パソコン版電子書籍ビューワーで効率的に作業ができる　289
- 電子雑誌の読み放題サービスを活用しよう　289
- 電子雑誌で注意したい3つのこと　290

目視ミスとストレスを減らすために、大画面や2画面を導入しよう

- 大画面モニタは広い机で仕事するのと同じ　292
- 時給で換算すれば、あっという間に元がとれる　293
- モニタを買い替えられないときは、サブモニタを導入する　293

第9章 コミュニケーションを整理してチームでの共同作業を効率化する

共同作業に最適なツールを使おう

- クラウドが本領を発揮するのは、チームで共同作業をするとき　296
- Excelでファイルを共有するデメリット　296
- Excelの代わりにGoogleスプレッドシートを使おう　297
- 共同作業用フォルダをGoogleドライブで作っておく　301

コメントでディスカッションしながら文書を完成させる

- 「印刷した紙に朱入れ」「Wordの校閲・コメント機能」の限界　302
- 文書上でディスカッションして、修正をフィックスしていく　302

チームのスケジュールを効率的に調整する方法

- 会議のスケジュールを整理する4つの方法　305
- Googleカレンダーでスケジュールを共有する　306
- 外部向けの予約受付は「調整さんカレンダー」で　310

スケジュールの見積もりと進捗管理を的確にこなす
   スケジュールの見積もりにはBrabio!のガントチャートが便利　312
   目標別の課題管理にはBacklogを　314

おわりに　仕事のサイクルを作ろう
   「いつも整理整頓」が基本にして奥義　317
   仕事のフレームワークを大切に　319
   自分のやり方＝フレームワークを作ろう　319

第1章

仕事を整理する準備をする

仕事の整理に
役立つ道具とは

情報や書類のデジタル化とクラウドサービスの登場で
整理が劇的にかんたんに

　良い仕事をするために大事なのは集中力を保つことです。ダラダラしたり迷うことなく仕事に集中し、質の高い仕事をすれば、成果も上がり、自信もつきます。

　しかし、人間の集中力は有限な資源です。使えば使うほど減り、いちど枯渇するとしばらく休養が必要になります。長時間働けば、集中力が切れて仕事の質が下がりミスが増え、さらに時間を使う悪循環に陥ります。

　時間と集中力をムダにせず有効活用する秘訣はただ1つ。整理整頓をすることです。単純なことですが、整理整頓がうまくいけば、ものごとはスムーズに進み、時間や集中力をムダに使うこともなくなります。

　整理整頓がルーチンワークのみならず、知的で創造的な活動に有効なことは、多くの先人によって語られてきました。1970年代のロングセラーだった『知的生産の技術』（梅棹忠夫 著）でも、90年代のベストセラー『超整理法』（野口悠紀雄 著）でも、語られているのは「書類を効率的に整理して時間（と結果的には集中力）を有効活用する方法」でした。

　『超整理法』から20年たって、時代は大きく変わりました。仕事に関わる情報や書類の大半がデジタル化され、パソコンで扱えるようになりました。また、インターネットの普及によって、情報や書類を整理するためのネット上の便利なサービスがたくさん現れました。これらのサービスは、膨大なネットワークが複雑に絡み合って構成された、まるで雲のような「インターネット・クラウド」の中から提供されるので、「クラウドサービス」と呼ばれています。クラウドサービスを活用することで、以前では考えられなかったくらいかんたんに情報や書類の整理ができるようになりました。

ネット上のクラウドサービスで情報や書類の整理がかんたんに

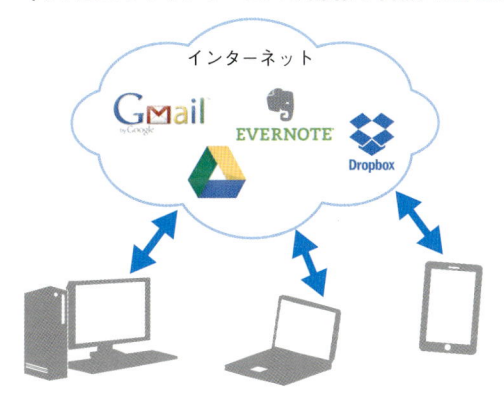

7大クラウドサービスとは

代表的なクラウドサービスには、以下のものがあります。

Gmail

Googleが提供する無料メールサービス。Outlookのようなメールソフトからも利用できますが、パソコンで使うときはWebブラウザで利用すると最大の威力を発揮します。

Googleカレンダー

Googleが提供するスケジュール管理サービス。

Dropbox

ネット上にデータを保存し、いつでもどこでも利用できるサービス。デスクトップパソコンとノートパソコンとスマホで同じファイルを読み書きできます。

Evernote

ネット上にメモやノートを保存し、いつでもどこでも利用できるサービ

ス。スマホで書いたメモを保存するだけで、パソコンで参照できます。文章だけでなく、画像やURL、PDFやオフィス文書ファイルも保存できます。

Googleドライブ

　Googleが提供する、ネット上で文書の作成・管理ができるサービス。ワープロ、表計算、プレゼンテーション、チャートの作成、データベース、アンケートフォームの作成などが可能で、さらにDropboxのようなファイル保存機能もあります。

Nozbe／Googleタスク

　いつまでに何をやらなければいけないかをネット上で管理するタスク管理サービス。タスク管理サービスはほかにいくつもありますが、筆者は構造がシンプルでGoogleカレンダーとの連携が容易という理由でNozbeを使っています。

　ただNozbeは無料プランがなくなってしまったので、本書では無料かつ手軽に使えるGoogleタスクも紹介します。ほかにもRemember The MilkやToodledoなど、無料で使えて高機能なサービスがあります。この分野は決定版が存在しないので、自分にあったサービスを探すのも良いでしょう。

WorkFlowy

　雑多な情報やアイデアを整理するためのアウトラインプロセッサ（アウトライナー）。Webブラウザでもスマホでも、頭のなかのモヤモヤしたアイデアを入力して整理できます。

　これらのサービスをいきなり全部使う必要はありません。必要に応じて1つずつ導入して、少しずつ慣れるようにしてください。最終的に組みあわせて使えるようになれば、作業効率はどんどん改善していきます。

「ワンポケットの原則」を
どう実現するか

書類の置き場所を常に1つの場所に決めておく

　いつの時代でも、情報整理の基本は「ワンポケットの原則」を貫くことです。これは、「書類の置き場所を常に1つの場所に決めておくことで、あちこちを探すムダをなくす」という整理の原則で、『超整理法』(1993年)の中で野口悠紀雄氏が提唱したものです。

　野口氏は、書類をテーマごとに大判の封筒に入れ、使った順に書棚に並べる「押し出しファイリング」という非常にシンプルで効率的な整理法を発明しました。ここでの「ワンポケット」は封筒を並べた書棚で、書類が必要になったら書棚から書類を探し出し、使い終わったら封筒ごと書棚に戻します。これによって「あれは、どこにしまったっけ？」と考えたり探し回る必要がなくなります。これは、紙や写真やフロッピーディスクなど、情報を封筒で管理できたアナログ時代には優れた方法だったと思います。

デジタル時代にワンポケットを実現する難しさ

　一方、現在のネット時代の場合、情報のほとんどがデジタル化されているため、ほぼパソコン1台で管理できるようになりました。すべての情報がパソコンの中にあるのならパソコン＝ワンポケットの原則を満たしているとも言えますが、実際には以下のような理由でワンポケットが実現しにくくなっています。

- さまざまな種類のファイルと、さまざまなアプリがあって、HDD（ハードディスク）の中でファイルをうまく整理できない
- 使用するデジタル機器が1つのパソコンだけでなく、デスクトップパソコン、ノートパソコン、スマホ、タブレットなど複数の機器を使う

のが当たり前になった
・連絡手段が多様化し、複数のメールアドレスを持っていたり、Twitter、Facebook、LINE、Skypeなど、メール以外の手段も使われるようになった

ワンポケットからツー・ルールへ

　こういった状況のなかで、ワンポケットの原則を単純に実現できないのなら、代わりにルールを使いましょう。だれでも忘れず、いつでも実行できるかんたんなルールを決めて、それを守っていくのです。ルールはできる限りシンプルにする必要があります。細かい条件を作ると、忙しいときや長期の休み明けのときに、ルールを守れず崩壊してしまうからです。
　シンプルに仕事を整理するためのルールは、以下の2つです。

ルール1　作業の流れは3ステップで考える
1. 新しい情報（アイデア、メモ、資料、etc.）は「受信箱」に入れる。
2. 即処理できるものは、受信箱内で処理する。
時間がかかる処理は、受信箱からプロジェクト用の箱に仕分けてから処理する。
3. 処理が終わったら、アーカイブ（保管庫）に移動させる。

ルール2　データの種類ごとに管理する場所を決める
・メールは、Gmailで管理する。
・メモやノートなど、参照する情報はEvernoteで管理する。
・作業ファイルは、Dropboxで管理する。
・予定は、Googleカレンダーで管理する。
・ToDoは、GoogleタスクやNozbeなどのサービスで管理する。

　ルール1は、「流れ」のルールです。情報や書類が入ってきて、それを処理し、完了するまでの流れを決めています。受信 → プロジェクト化して

処理 → 終わったら保管、という3段階なので、すぐ覚えられるでしょう。

ルール2は、「置き場所」のルールです。データの種類によってどこに置くか決めることで、保存するときや探すときに迷わないようにします。また、仕事に関わるデータは大きく分けると、メール、ファイル、メモ、予定、ToDoの5種類しかないということでもあります。

なお、Evernoteは情報の保管場所としては便利なのですが、編集機能や構造化する機能が弱いので、アウトラインプロセッサのWorkFlowyなどを併用します。

受信箱を決めないと仕事が混乱する

会社では、管理職の机の上に未決と既決のトレイが置いてあります。決裁が必要な書類を未決トレイに置いて、済んだ書類は既決に置かれます。未決がインで、既決がアウト。管理職以外でも、紙の書類を依頼用の箱やトレイに入れるのはよくある管理法です。依頼用の受信箱を置くことで、ムダなコミュニケーションを省いて書類の処理に集中できます。

同じように、パソコンの中にも受信箱を置くことで、案件やファイルの整理に集中できます。

逆に受信箱がないと、情報やファイルの入り口がバラバラになって、ミスや遅れの原因になります。よくあるのが、現在やっている仕事とは別の用件のメールやファイルを受け取ったとき、「あとで必要になったときに見直せばいいや」と放っておくパターンです。しかし、そのやり方だと、目の前の仕事を終えて次の仕事にとりかかろうとしたときに「受け取ったはずの指示（やファイル）はどこだろう？」ということになりがちです。「会社のメールで受け取った」と思って一生懸命探してみたら、SkypeやFacebookなど別の手段で送られ来ていたのに最後に気がついて、「なんてムダな時間を使ってしまったのか……」とガックリきたりします。

そんなことにならないために、受け取った用件やファイルは、必ず決まった「受信箱」に置くようにしましょう。なにか必要になったら「いつもの場所」を探すだけ。あっちもこっちも探して、時間とエネルギーをムダ

にするのは止めましょう。

受信箱の必要性

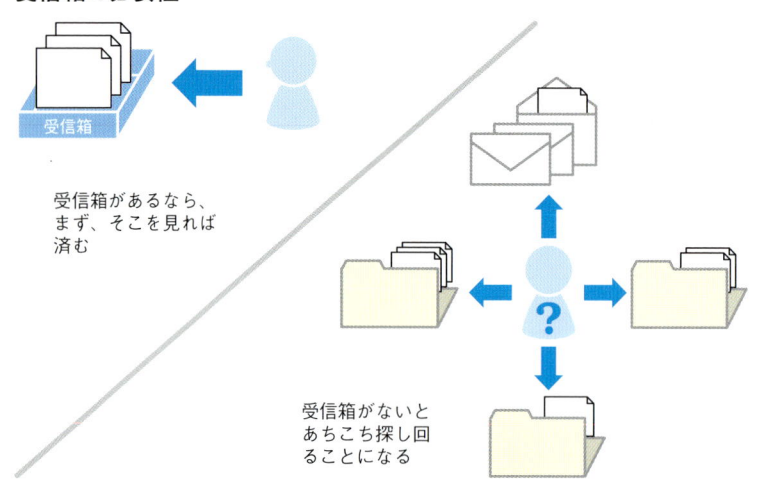

受信箱があるなら、まず、そこを見れば済む

受信箱がないとあちこち探し回ることになる

受信箱の中身は3種類に分け、常に空になるようにする

　受信箱は、Gmailでは受信トレイ、Dropboxではフォルダ、Evernoteではノートブック、などと形態は異なりますが、設置したら常にその中を空にすることを目指しましょう。受信箱は机の上の未処理トレイと同じですから、その中にある新着メールやファイルは、あなたに処理されることを待っている未着手・未処理の案件です。まずは手遅れにならないうちに、それらをいったん開封し、処理の方針を決めます。

　受信箱の中の案件やファイルは、以下の3種類に分類できます。

　A. すぐに処理できる
　B. 処理に時間がかかる
　C. 処理不要

　A.の「すぐ」とは、長くても5分程度で処理できるもの。すぐその場で処

理してアーカイブ（保管庫）に移動します。

処理に時間がかかるB.は、「プロジェクト化」します。プロジェクトとは、「会議の議事録を提出する」「企画書をまとめる」「飲み会を開催する」など、「ある目的を達成するための一連の作業計画」のことです。プロジェクトはあなたの仕事を細かく分割・整理したものだとも言えます。処理に時間がかかる案件はプロジェクトに仕分けて、そのプロジェクトの中で改めて整理・実行します。仕事をプロジェクトごとに仕分けるのは、なにか仕事をするとき、関連するファイルがひとまとまりになっていたほうが便利だからです。

急ぎの案件でも、処理に時間がかかるなら、いったんプロジェクト化して、全体のバランスの中で、いつ処理すべきかを考えましょう。

処理不要のC.は、すぐさまアーカイブ行きです。迷惑メールや重複ファイルなら削除してかまいませんが、それ以外は念のためアーカイブしておきましょう。

あとから参照したり使い回す可能性の高い情報（アカウント、パスワードや作業手順など）やファイル（申請書類の雛形や資料など）は、アクセスしやすい場所においたり、印（タグ）を付けておきます。

こうして受信箱を空に保つ努力をすることで、自然と優先度に応じた仕事の処理ができるはずです。

分類と検索を使い分ける

プロジェクトが完了したら、プロジェクトフォルダごと、アーカイブフォルダに放り込んで忘れてしまいましょう。あとで必要になったときは、アーカイブフォルダの中を目で探したりせずに、ファイル検索機能を使って探します。なにか探すときに、「目で画面を追って探すのではなく、キーワードで検索する」というのは、パソコンとネットを活用するうえで、一番基本的な作法です。このやりかたは、後に出てくるほとんどのクラウドサービスで利用できます。

Windowsでは「エクスプローラー」、Macでは「Finder」と呼ばれる、ファ

イルやフォルダを操作するウィンドウの右上にある検索ボックスに、探し出したいファイルの名前や内容の一部を打ち込むと、ファイルの検索が行われます。

　検索結果の候補の中に必要なファイルがない場合は、検索キーワードを変えて再度検索します。

　ファイルやメールなどを5秒以内に見つけられない場合は、キーワード検索を使うように習慣づけましょう。

ファイル検索

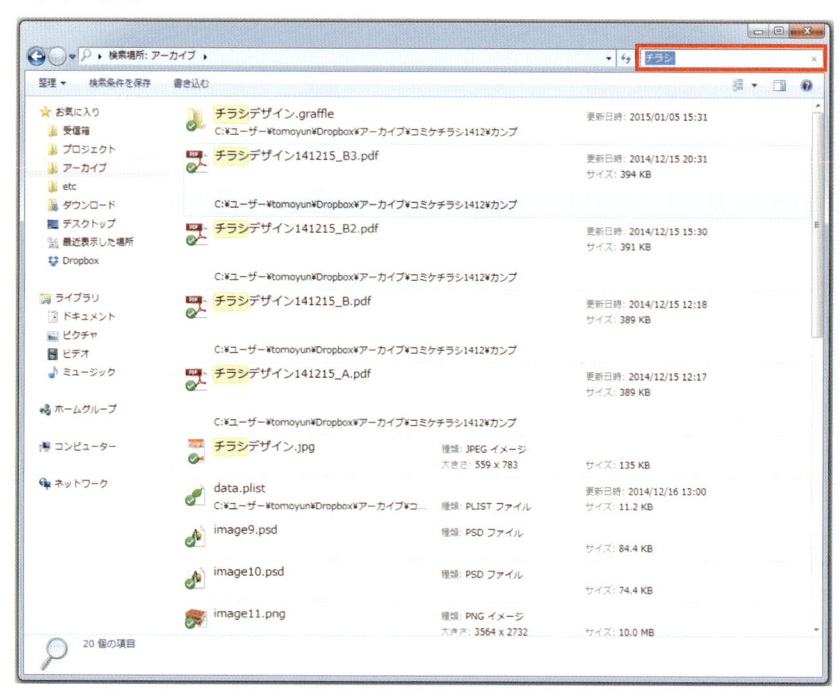

スマホとパソコンをクラウドで同期させて
ワンポケットを実現

　一人一人に与えられた時間は、1日24時間と決まっています。その中で、より効率よく時間を使うには、移動中や出先の待ち時間の使い方が重要になってきます。

　移動中や出先で書類仕事をするとしたら、どんな状況が考えられるでしょうか？　大きく分けると以下3つになるはずです。

1. 移動先でパソコンの中にある資料を確認・参照したい
2. 出先で発生した課題・疑問・アイデアをメモしたい
3. スケジュールを決めて入力したい

　常に訪問先でさまざまな資料を見せたり検討する営業マンなどは、会社のノートPCを持ち歩いているので、それで用が足りる場合もあるでしょう。ただ、最近は軽くなったとはいえ、ノートPCを常に持ち歩くのは大変です。また、ノートPCをいつでもどこでも広げて使えるとは限りません。

　それに比べると、スマホやタブレットはかんたんに持ち運べて、立っているときも、歩きながらでも、混雑した電車の中でも利用できます。スマホ（スマートフォン）はフォン＝電話という名称のために勘違いしがちですが、その実態は電話というよりは、パソコンを超小型にして通信機能を付けたようなものです。性能的にも、最新のスマホには数年前のノートPCに匹敵する処理能力があります。最近は「ファブレット」と呼ばれるタブレットに近いサイズのスマホも登場し、ノートPCとの差がどんどん縮まっています。

　問題は、データを持ち出す方法です。ExcelやWordやPDFのファイルに対応したケータイ電話は昔からありました。しかし、ファイルを持ち出すためにメールに添付して送ったりしなければならず、パソコンからケータイにファイルを持ち出し、更新したファイルをパソコンに戻すのが面倒なためか、普及しませんでした。

それに、ファイルを持ち出したり書き戻すことは、別の場所に書類のコピーを作ることです。それはワンポケットの原則から外れて混乱の元になります。

　しかし現在は、EvernoteやDropboxのようなクラウドサービスを使うことで、スマホからパソコン上で作成したファイルを参照したり更新できるようになりました。モバイル（スマホ、タブレット）とクラウドという2つの仕組みをうまく利用して、仕事をスマートに片づけていきましょう。

クラウドサービスの基本を理解する

クラウドサービスを使うための3つの手順

　ここで、クラウドサービスと従来型アプリケーション（アプリ）の違いを理解しておきましょう。

　従来型アプリの代表は、Word、Excel、PowerPointなどです。これらのソフトは、1台1台のパソコンにインストールされ、作成したファイルもパソコンの上に保存されます。

　これに対して、クラウドサービスの本体は、インターネットのサーバ上にあり、作成したファイルもサーバ上に保存されます。

　インターネット上のサーバをパソコンから使うためには、おもに「Webブラウザ」を使います。「Webブラウザ」とは、Yahoo!やGoogle、YouTube、ブログなどのWebサイトを利用するためのアプリで、すべてのパソコンやスマホに標準で用意されています。

クラウドサービスと従来型アプリの違い

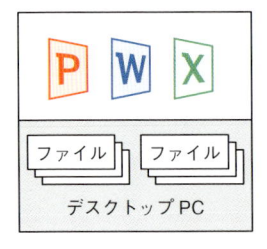

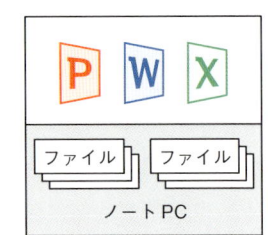

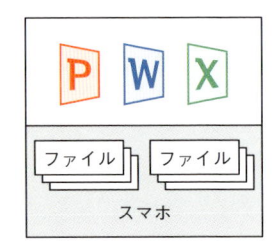

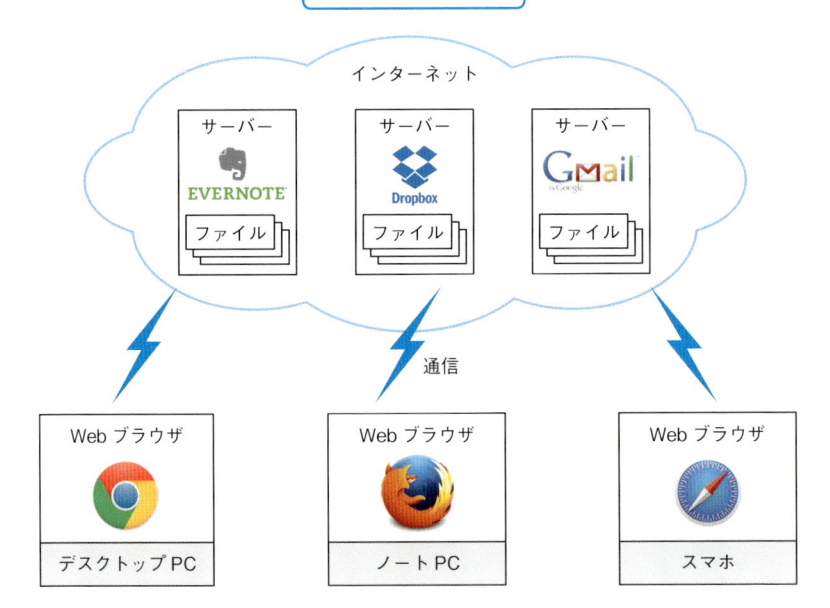

従来型アプリ

| デスクトップPC | ノートPC | スマホ |

（P／W／X アプリとファイルが各端末にインストールされている）

クラウドサービス

インターネット上のサーバー（EVERNOTE、Dropbox、Gmail）にファイルが保存され、各端末（デスクトップPC、ノートPC、スマホ）のWebブラウザ（Chrome、Firefox、Safari）から通信してアクセスする。

パソコンやスマホからクラウドサービスを使う手順は以下のとおりです。

❶ Webブラウザでクラウドサービスにアクセスする。
❷ クラウドサービスを使うためのアカウントを作成する（初回のみ）。
❸ 作成したアカウントでログインし、サービスを利用する。

実際には、❷は一番最初にしか行いませんし、❸も一度ログインするとWebブラウザが覚えてくれるため、実際には❶のサービスにアクセスするだけです。

WebブラウザをChromeに変えよう

　Windowsの場合は、「Internet Explorer」(IE) が標準のWebブラウザとなっています。MacやiPhoneでは「Safari」が標準のWebブラウザです。
　Webを検索して、ニュースやブログやWikipediaを読むぐらいなら、これら標準のWebブラウザで問題ありません。しかし、本書で紹介しているGmail、Evernote、Dropboxなどのクラウドサービスを本格的に活用しようとすると、不便であったり、問題が生じることがあります。クラウドサービスもWebサイトの一種ですが、高度な機能を提供するために最新のWeb技術を使用しており、少し古いパソコンだと標準のWebブラウザではそれを利用できないことがあるからです。
　WebサイトとWebブラウザは対の存在です。Webサイトがより便利で高度なサービスを提供するために最新の技術を導入しても、利用者のWebブラウザがその技術に対応していなければ利用できません。Web技術は日進月歩で進化しています。最新のクラウドサービスを利用するためには、最新技術に対応したWebブラウザを使うべきです。

さまざまなWebブラウザ

Internet Explorer

Google Chrome

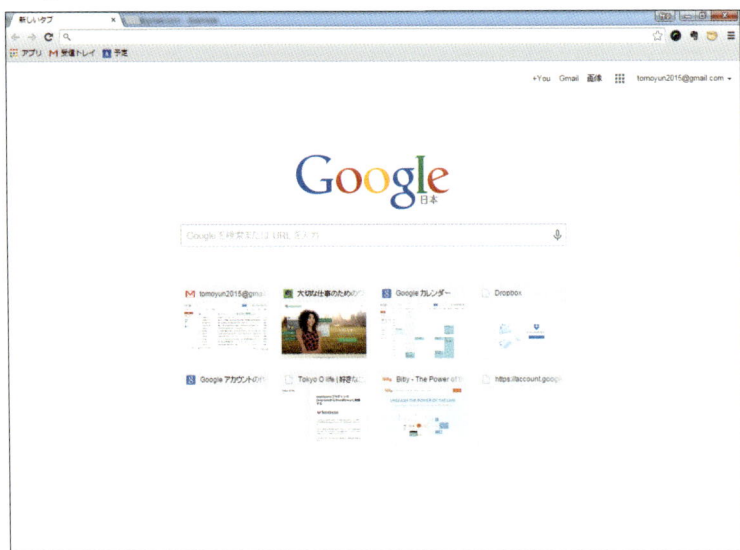

最新技術に対応したWebブラウザの代表が「Google Chrome」と「Firefox」です。どちらも無料で利用できる高速で高機能なWebブラウザですが、以下の理由で本書では「Google Chrome」の利用をおすすめします。

1. パソコンでもスマホでも利用できる

　Google Chromeは、パソコンのWindowsとMac、スマホのiPhoneとAndroidのすべてで利用可能です。Firefoxは、残念ながらiPhone版がありません。

2. Googleが提供している

　Google Chromeは、その名のとおり、Googleが提供しています。そのため、Gmail、Googleカレンダー、Googleマップなど、Googleが提供するメジャーなクラウドサービスとの相性が良いのです。また、Google以外のメジャーなクラウドサービスも、Chromeならフルに機能を活用できます。

3. 機能を拡張できる

　Google Chromeは、Webブラウザでありながら「拡張機能」や「アプリ」をインストールすることで、機能を拡張できます。FirefoxやSafariなど、ほかのWebブラウザでも機能を拡張できますが、クラウドの利用に便利な拡張機能の豊富さにおいては、Google ChromeがNo.1だと思います。

　Google Chromeは、以下のURLからダウンロードできます。

　https://www.google.co.jp/chrome/

column

Chromeを使う上で気をつけること

　いいことづくめのようなGoogle Chromeですが、大量にメモリを消費するため、使い続けると動作が遅くなったり不安定になるという問題があります。それを避けるためには、こまめにタブを閉じて、一度にWebサイトを開く数を抑えるのが一番効果的です。

Googleアカウントを取得する

　Googleは世界最大のネット企業で、検索、メール（Gmail）、動画（YouTube）、地図（Google Maps）など、いまやネットの利用に欠かせないサービスを多数提供しています。しかも、その多くは無料です。

　Web検索やYouTube、Google Mapsなどは、ログインしなくても利用できます。一方、GmailやGoogleカレンダー、Googleドライブ（文書作成と保存）などのサービスは、ユーザー登録して、アカウントを取得する必要があります。このアカウントを「Google アカウント」と呼び、1つのGoogleアカウントを取得すれば、Googleのすべてのサービスに共通して利用できます。

　さらに、Web検索やYouTubeやGoogle Mapsなどのサービスも、Googleアカウントでログインして利用することで、より高度な機能を利用できます。Web検索では、検索履歴を元に、よりあなたの嗜好にマッチした検索結果を表示します。YouTubeでは、コメントや評価を入力したり、自分の動画をアップロードしてその評判を知ることができます。Google Mapsでは、自宅や勤務先を登録して、経路検索に利用できます。

Googleアカウントを取得するには、以下の4つが必要です。

・氏名
・希望するメールアドレス（＝Googleアカウント）
・パスワード
・生年月日

また最近はアカウントの乗っ取りが頻発しているため、その対策として以下の2つもできるだけ用意しておきましょう。

・携帯電話番号
・現在使用中の別のメールアドレス

Google アカウントの取得は、Chromeの起動画面の「アカウントの作成」をクリックするか、もしくは以下のURLからできます。

https://accounts.google.com/SignUp

入力手順は以下のとおりです。

❶ 登録画面で上記を入力する。
❷ 「ロボットによる登録でないことを証明」という項目で、表示された2つの画像内の数字を読み取って、入力欄に半角スペースで区切って入力する。
　これは、ボット（プログラム）を使って悪用するためのメールアドレスを自動で大量取得されるのを防ぐためのものです。

❸「利用規約とプライバシーポリシーに同意します」にチェックを入れて、「次のステップ」に進む。

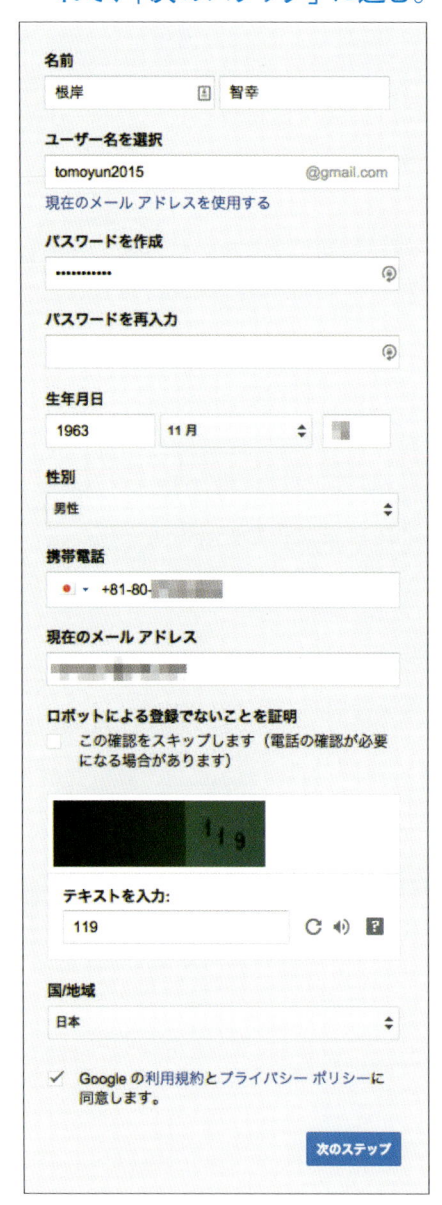

次のステップでは、GoogleのSNSサービスであるGoogle+のプロフィール作成の画面になります。これはスキップしてもかまいません。

❹「ようこそXXXさん」とあなたの名前が表示されて、Googleアカウントの登録が完了する。
❺「開始する」ボタンをクリックすると、Googleのスタート画面が表示される。
❻「Gmail」をクリックすると、作成したメールアドレスでGmailが使えるようになる。

メニューボタンからは、GoogleカレンダーやGoogleドライブなどにもアクセスできます。
なお、Google+のアカウントを作成すると、右上隅に表示される自分のユーザー情報がアイコンになります。Google+アカウントを作らないとメールアドレスが表示されます。

安全なパスワードについて知っておく

クラウドサービスを使うにあたって非常に重要なのが、パスワードの管理です。「覚えやすいから」といって、安易なパスワードを設定すると、悪意をもった第三者にアカウントを乗っ取られてしまいます。以下が乗っ取られやすいパスワードの代表例です。

- 123456、12345678など、数字を単純なルールで並べたもの
- password、access、master、adminなど、ログインに関係する単語
- qwerty、asdfghなど、キーボードの文字の並びを使ったもの
- abc123、123123など、単純な組みあわせや繰り返し
- baseball、supermanなど、単純な英単語

乗っ取られにくい、安全なパスワードの条件は以下になります。

・少なくとも8文字以上
・ユーザー名、本名、企業名など、自分に関係するキーワードを含まない
・英単語をそのまま使ったものではないこと
・英大文字、小文字、数字、記号がすべて含まれている

また、以下も推奨されています。

・同じパスワードを複数のサービスで使い回さない
・パスワードを紙や付箋、パソコン上のファイルに書いて残さない

IDとパスワードの管理を効率化するには

　Google、Evernote、Dropbox、Nozbeなど複数のクラウドサービスでそれぞれランダムで違うパスワードを覚えておくのは大変です。そこで、最近はIDとパスワードのペアを記憶し、必要に応じて自動入力してくれるソフトウェアやサービスがあります。おすすめなのが、Chromeのほか、Safari、Firefox、IEの各Webブラウザでそれぞれ無料で使える「LastPass」です。

　使うためには、LastPassの拡張機能をChomeにインストールし、まず、LastPassのマスターIDとパスワードを登録します。以後は、クラウドサービスにログインするたびにLastPassがIDとパスワードを検知し、「このサイトを保存しますか？」と画面上部に表示されます。ここで「サイトを保存する」を入力すれば、以後は、自動的にIDとパスワードが入力されるようになります。

　パスワードを変更したい場合は、まずパスワード欄に表示される「＊」マークをクリックして管理ウィンドウを表示します。そして、スパナマークのアイコンをクリックすると、パスワードを変更して保存できます。

　また、同じパスワードを使い回していると、それを検知し警告したり、

ランダムなパスワードを生成する機能もあります。

LastPass

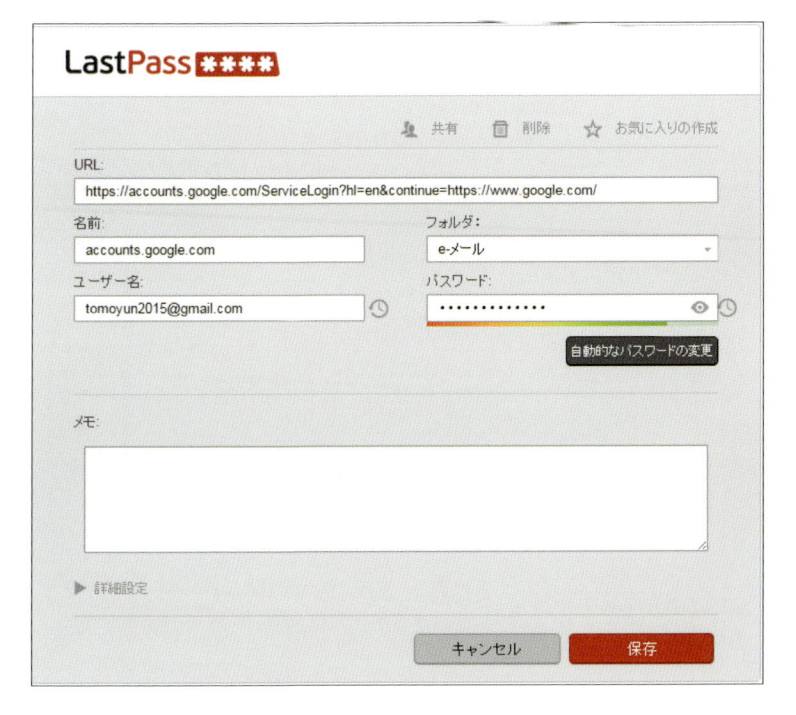

ブックマーク、設定、拡張機能を同期する

　会社と自宅のPC、ノートパソコン、タブレットやスマホなど、複数のマシンを使って仕事をしていると、「ブックマークしたはずなのに残っていない。自宅のパソコンでブックマークしたから会社では見られないんだ！」なんてことがあります。Chromeを便利にする拡張機能も、複数のパソコンを使っていると、それぞれにインストールするのは面倒です。

　そこで、Googleアカウントの同期機能を使って、ブックマークや設定、拡張機能のインストールを自動的に同期させましょう。現在は、GoogleアカウントのログインとChromeのログインはほぼ一体化しています。

❶ 初期状態のChromeでログインする。

❷ ログインすると、GoogleのWebサービスにログインするとともに、Chromeへの同期機能もオンになる。

　以後、別のパソコンやスマホでChromeを使うときも、同じGoogleアカウントでログインすることで、ブックマークや開いているタブ、Webページの閲覧履歴、記憶させたパスワードなどを共有できます。パソコン版のChromeでアプリや拡張機能をインストールしている場合は、それらも自動的に同期されます。

セキュリティのリスクを意識しよう

　注意していただきたいのは、Chromeの同期機能を使うと、パスワードや閲覧履歴という個人情報も同期されることです。ネットカフェや会社や学校の共有PCでうっかりこの機能を使うと、あなたの大切な個人情報を公開することになります。Chromeを同期状態にしたまま、自分のパソコンを人に貸すのも危険です。以下のルールを必ず守ってください。

・共有パソコンでは同期機能を使用しない
・同期機能をログインしたまま、人に自分のパソコンを使わせない

　同期を中止したいときは、「設定」メニューで「Googleアカウントを切断」を選びます。

仕事とプライベートでGoogleアカウントを使い分ける方法

　「個人でもGoogleのアカウントを持っているけど、会社や学校でGmail（Google Apps）のアカウントが支給された」

　そういう場合、会社と個人のアカウントをどう使い分けるか？
　じつはGoogleアカウントは、複数のアカウントを切り替えながら利用できます。たとえば、AとBの2つのGoogleアカウントがあるとしたら、以下のようにします。

❶ まず、アカウントAのGmailにログインする。

❷ 右上のユーザー名、もしくはプロフィールアイコンをクリックし、メニュー下にある「アカウントを追加」をクリックする。

❸ 新しいタブが開き、ログイン画面になるので、アカウントBのメールアドレスとパスワードを入力して「ログイン」をクリックする。

❹ アカウントBのGmailの受信トレイが表示される。

こうして、タブごとに異なるGoogleアカウントを利用できます。これは、Chromeだけでなく、すべてのWebブラウザに共通して使えます。

共有ファイルを開くアカウントをデフォルトに

なお、最初にログインしたGoogleアカウントがWebブラウザのデフォルトアカウントになります。ここでは、アカウントAがデフォルトになっています。

こういうときに問題になるのが、Googleドライブで書類の「共有」に招待された場合です（書類の共有については第9章でくわしく説明します）。ここでは、デフォルトがアカウントAなのに、アカウントBに招待があったとします。

アカウントBで共有に招待されたGoogleドライブを開こうとすると、WebブラウザはアカウントAで開こうとします。当然開けないので、Googleアカウントのログイン画面が表示され、再度アカウントBでログインする必要があります。共有ファイルやフォルダを開くたびにログインを要求されるのはちょっと面倒です。

これを回避するには、共有ファイルを開くような作業をするアカウントをデフォルトアカウントにしましょう。デフォルトアカウントを変更するときは、いったんすべてのGoogleアカウントをログアウトします。

第2章

ファイルを整理して管理の手間を最小限にする

受信箱をつくり、
空にすることを心がけよう

　仕事のファイルは、メールや共有サーバを通して次々とあなたのパソコンに入ってきます。それらをどんどんプロジェクト別のフォルダに仕分けていけばいいのですが、忙しくてその時間がとれないこともあります。そもそも、該当するプロジェクトフォルダを作っていない場合もあります。そんなとき、受け取ったファイルをデスクトップや「ダウンロード」フォルダに置きっぱなしにすると、だんだんと使途不明のファイルが増えて、目的のファイルを探しづらい状況になります。

　そこで、受け取ったファイルを一時的に置いておく「受信箱」もしくは「Inbox」フォルダを作りましょう。そして1日最低1回、受信箱フォルダの中身をチェックして、中のファイルを仕分けます。

ファイル仕分けのルール

　使用するプロジェクトが明確なファイルは、以下のようなルールで運用します。

1. 各プロジェクトフォルダに移動する。
　プロジェクトフォルダがない場合は、以下の選択肢から考えます。
2. 新しいプロジェクトフォルダを作って、そこに移動する。
3. すでに用済みなら「アーカイブ」フォルダ内にあらかじめ「_Archives」フォルダを作っておき、そこに移動する。
4. 不要なファイルとして、ゴミ箱に入れる。
5. 判断がつかないので、そのまま受信フォルダに入れておく。

受信箱フォルダ

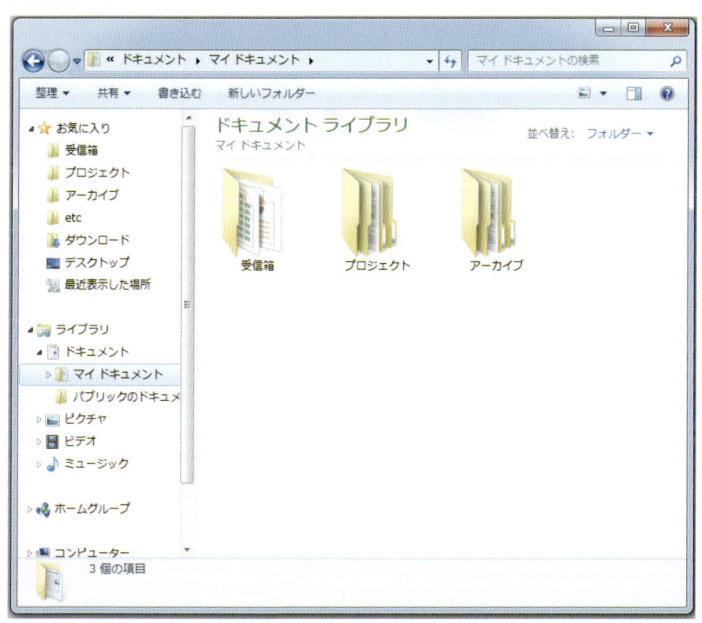

ファイル仕分けのイメージ

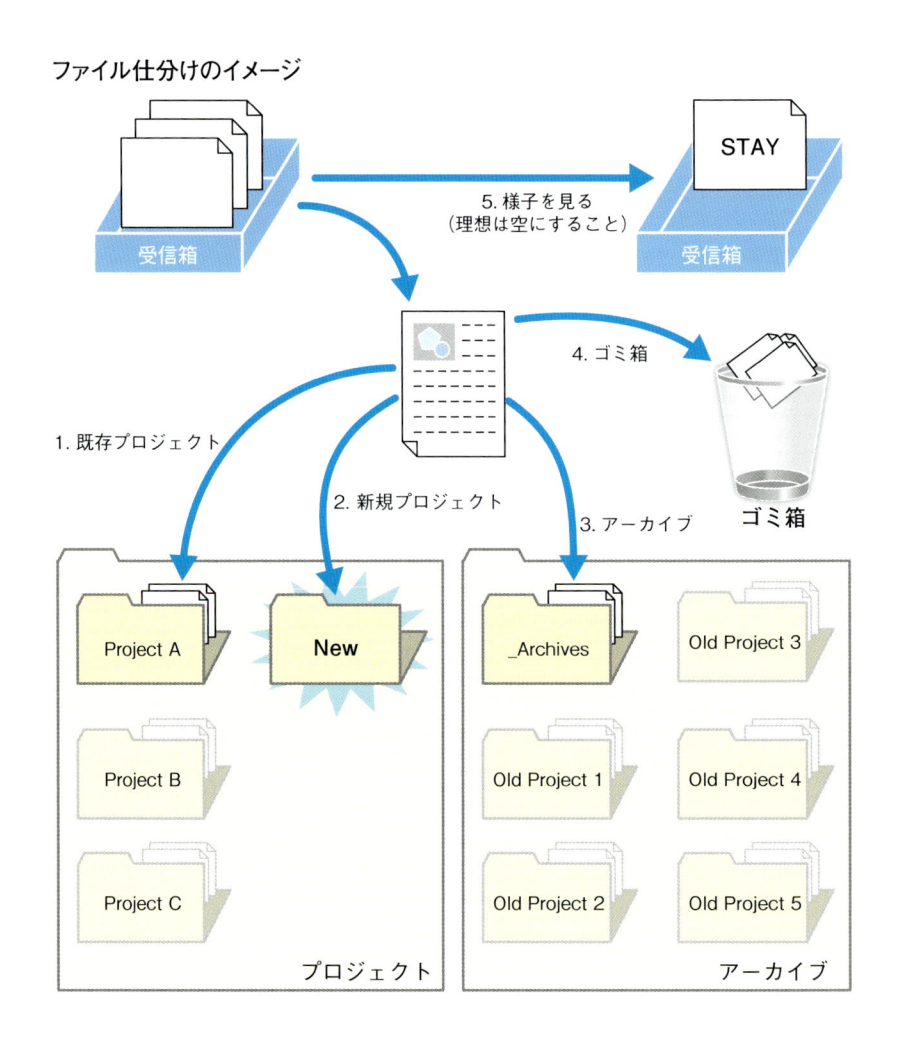

受信箱

1. 既存プロジェクト
2. 新規プロジェクト
3. アーカイブ
4. ゴミ箱
5. 様子を見る（理想は空にすること）

STAY 受信箱

ゴミ箱

プロジェクト：Project A、New、Project B、Project C

アーカイブ：_Archives、Old Project 1、Old Project 2、Old Project 3、Old Project 4、Old Project 5

　目標は受信箱フォルダを空にすることですが、整理に時間をかけすぎるのも本末転倒です。5.の判断がつかないファイルは、数日経つと突然処理方法が閃くこともありますから、置いて様子を見ます。

　ただ、1週間以上受信箱に残っているファイルは、強制的にアーカイブフォルダ行きにしてしまいましょう。捨てない限り、あとで必要になったら検索で探せばいいのです。

どんなタイミングでファイルを仕分けるか

　受信箱を空にする作業は、朝に行わないほうがいいです。受信箱フォルダの整理を朝に行うと、新鮮なやる気とパワーを整理に使ってしまい、本来の仕事に注ぐべきエネルギーが足りなくなるからです。

　朝はまず書類の作成など集中力がいる仕事をして、途中入ってきたファイルは受信箱に入れておきましょう。そして、夕方空いた時間や、仕事に疲れたときの息抜きに、受信箱フォルダの整理をします。

　逆に、朝疲れていて集中ができないときは、受信箱の整理をして頭が働き出すのを待つという方法もあります。

こんなファイルの分類はやってはいけない

　あなたのパソコンには、たくさんの仕事用のファイルがあるはずです。それらは多種多様で、以下のようなさまざまな分類が可能です。

- 挨拶状や、送り状、企画書、提案書、スケジュール表、仕様書、レポートなど、書類の目的による分類
- Word、Excel、PowerPointなど、アプリケーションによる分け方
- 「文書」と「写真」のような、ファイルの種類による分類
- 社内向けか客先向けか、営業部向けか総務部向けかのような、仕事相手による分類
- 先月や今月、先週や今週のような、日付による分類

　「目的のファイルをすぐ見つける」という時間節約の観点で考えると、上記のどの分け方も適切ではありません。分類が大雑把すぎて、フォルダ内のファイルが増えすぎ、時間が経つにつれて目的のファイルを探しづらくなるからです。フォルダ内の見かけ上のファイル数を減らすためにフォルダの中にサブフォルダを作っても、結局サブフォルダが増えて、余計にわかりにくくなります。フォルダの階層が深くなると、見通しが悪くなりま

す。ある目的のためのフォルダの中のサブフォルダは、1階層か2階層にとどめましょう。

ファイルはプロジェクト別に分ける

　ファイル整理の基本は「プロジェクト別」にフォルダを作ることです。ここでいう「プロジェクト」とは、なにかの目的を達成するためのひと括りの仕事のことです。それも、なるべく小さな括りで考えます。

　たとえば、「新規出店計画」とか「公式ホームページリニューアル」などは、プロジェクトの単位としては大きすぎです。それよりも、「新規出店企画書」や「候補地選定」のような小さな単位でプロジェクトとして捉え、プロジェクト名を付けたフォルダを作りましょう。さらに、「プロジェクト」や「Projects」といった名のまとめフォルダを作って、それらのプロジェクト別フォルダを中に入れます。

　仕事をするときは、まず「プロジェクト」フォルダを開きます。そうすると、目の前には「いま取り組んでいる各プロジェクトのフォルダ」が並びます。

プロジェクトフォルダの例

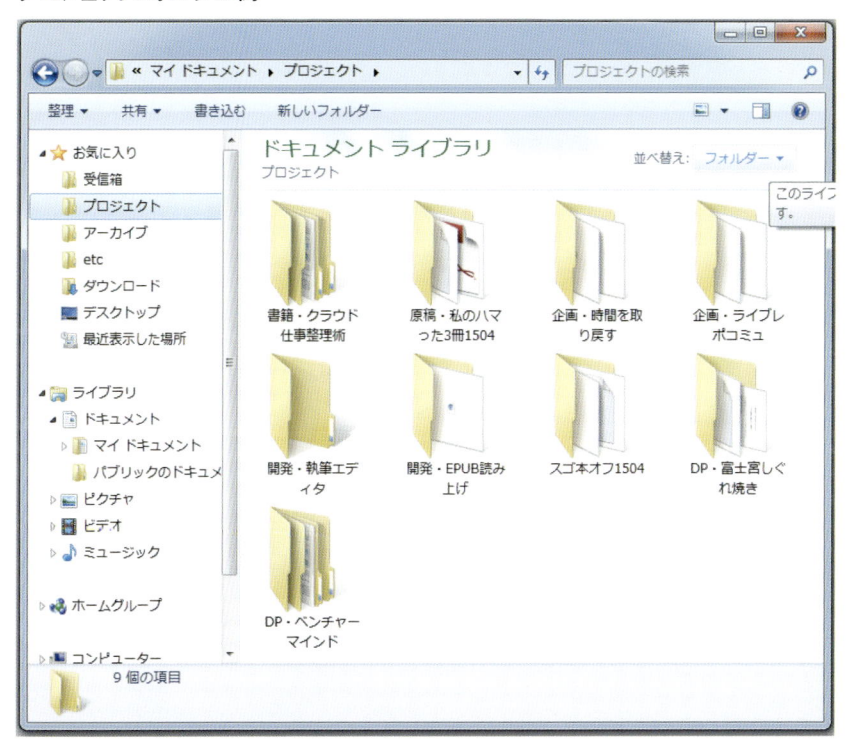

終わったプロジェクトはアーカイブする

　企画書の承認が得られたり、候補地の選定が終わってプロジェクトが完了したら、そのプロジェクトフォルダごと「プロジェクト」フォルダから「アーカイブ」フォルダに移動します。筆者は、アーカイブフォルダの下にさらに「完了」というフォルダを作って、その中に移動しています。
　こうすることで、「プロジェクト」フォルダの中には常にいま取り組んでいる仕事のフォルダだけが残り、現在の仕事に集中できます。

アーカイブフォルダの例

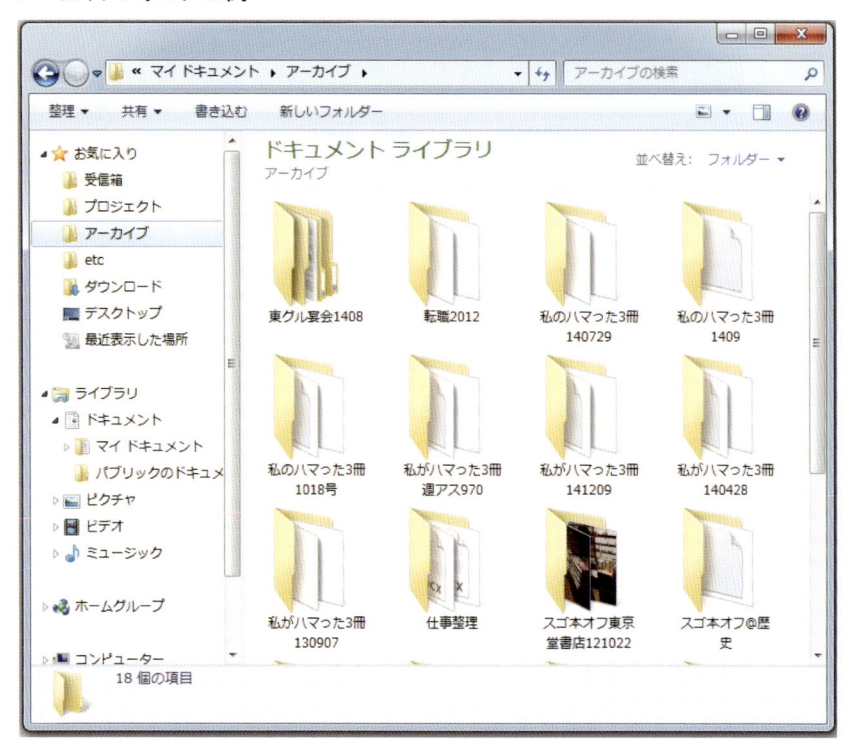

プロジェクト管理は公私混同で

　家庭や個人で使っているパソコンでも、「来週の学習発表会」「温泉旅行」「緑のカーテンを作る」のようなイベントや企画をプロジェクトとして捉えることで、同じように管理することができます。もし、1台のパソコンを仕事にもプライベートにも使っているなら、「プロジェクト」フォルダを家庭用と仕事用に分けず、一緒に管理することをおすすめします。

ファイル整理をスムーズに行うための準備

　ここまでで、効率良く仕事をするための基本的なファイル整理の作法を

紹介しました。

1. 新規のファイルは、受信箱フォルダに入れ、毎日整理して空にする。
2. ファイルは、プロジェクト別のフォルダで整理する。
3. 完了したプロジェクトのフォルダは、アーカイブして片づける。

これらの作業をスムーズに行うために、以下の準備を行いましょう。

❶ 3つの基本フォルダを作る

まず、パソコンの「マイドキュメント」や「文書」フォルダの下に、以下のフォルダを作成します。

・受信箱（もしくは「Inbox」）
・プロジェクト（もしくは「Projects」）
・アーカイブ（もしくは「Archive」）

❷ 3つの基本フォルダをサイドバーに置く

最近のWindowsやMacでは、ファイルを管理するウィンドウの左側に、よく使うフォルダへのショートカットを置けます。この左側の部分をWindowsでは「ナビゲーションウィンドウ」、Macでは「サイドバー」と呼びます。ここに、自分がよく使うフォルダを登録できるのです。

登録方法は、フォルダをマウスでつかんで、左側のエリア（ナビゲーションウィンドウやサイドバー）にドロップするだけです。登録したフォルダはドラッグすることで、表示場所を上下に変更できます。この機能を使って、以下のように登録しましょう。

・1番目　→　受信箱
・2番目　→　プロジェクト
・3番目　→　アーカイブ

この左側バーに登録したフォルダは、ファイル管理の画面（エクスプローラーやFinder）だけではなく、ChromeやWordやExcelなどのアプリで文書を開いたり、保存する画面にも表示されます（ただし、アプリの作りが古いと表示されない場合もあります）。
　ファイルを使用するとき、常に左側上にある「受信箱」や「プロジェクト」から目的のファイルにアクセスするように習慣づければ、ファイルを探すのに迷うことがなく、作業時間の短縮とストレスの軽減が図れます。

サイドバーに3つのフォルダを置く

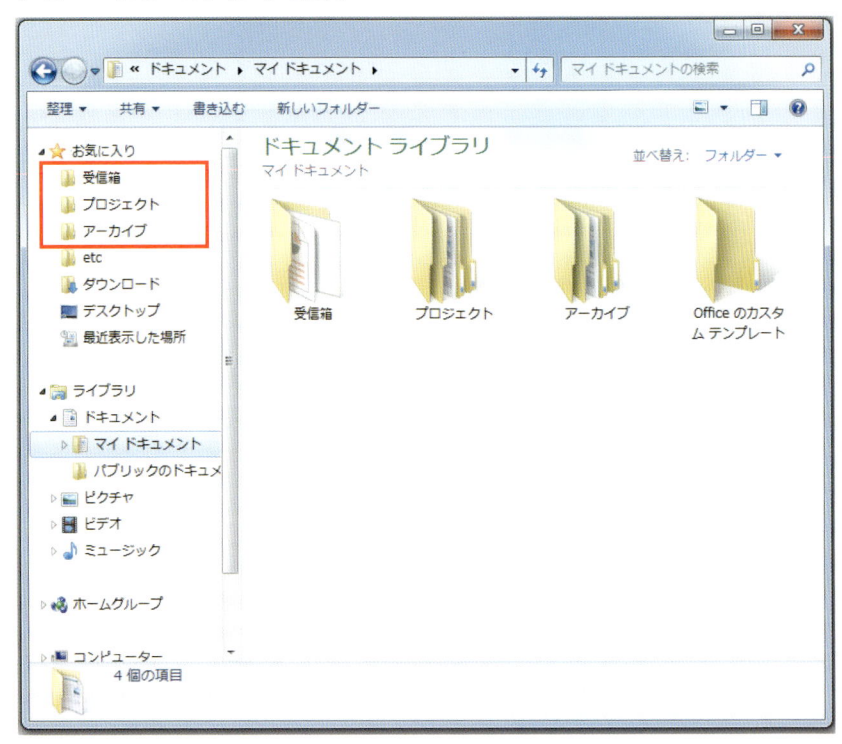

ファイル検索を
効率良くするには

　受信箱、プロジェクト、アーカイブという3つのフォルダを用意し、新しく受け取ったファイルは「受信箱」に、作業中のファイルは「プロジェクト」に置くようにすれば、現在作業中のファイルを見失うことはなくなるでしょう。また、以前使ったファイルを掘り起こしたいときは、アーカイブフォルダの中を探せばいいのです。

　ただし、時間が経つにつれ、アーカイブフォルダの中が混雑して、名前だけで探すのは難しくなります。そういうときは、ファイル検索機能を併用しましょう。WindowsにもMacにも標準でファイルを検索する機能が備わっているので、そこに必要なファイルに関連するキーワードを入れると、候補が表示されます。現在のWindowsやMacでは、フォルダ名やファイル名だけでなく、ファイルの中身も検索対象になるので、見つかる確率が上がります（第1章 P.29〜P.30「分類と検索を使い分ける」を参照）。

場所や種類を限定することで、素早く探す

　アーカイブフォルダを開いて、フォルダのウィンドウの右上にある検索機能に文字を入れるだけで、アーカイブフォルダの中に含まれるすべてのファイルやフォルダが検索対象になります。入れ子になったフォルダの中も全部探してくれます。そのため、逆に関係ないファイルが大量に表示されてしまうこともあります。そういうときは、プロジェクトフォルダの中だけとか、アーカイブフォルダの中だけを検索対象とすることで、対象のファイルが見つかりやすくなります。

　デフォルトだと、ファイルの中身を検索した結果も同時に表示されるので、場所で絞ってもまだ数が多すぎることもあります。そういうときは「ファイル名で一致」を指定すると、ファイル名だけで絞り込みことができます。「目的＋日付」にルールを決めてファイル名を付けておけば、検索時

も手間と時間を節約できるのです。

ファイルは「作業用」と「リファレンス」に分けて考える

　仕事用のファイルやデータは、2種類に分かれます。1つは、その仕事固有のファイルで、仕事が完了したら必要なくなるもの。もう1つは、同系統の仕事で共通して必要になるものです。前者をワーキングファイル、後者をリファレンスファイルと呼ぶことにしましょう。

　ワーキングファイルは、「次の会議用に報告資料を作る」とか「販促予算のための稟議を通す」といった仕事ごとにプロジェクトフォルダを作ってまとめて置きます。

　一方、リファレンスファイルは以下のようなものです。

・社内のサーバや会計システムなどにログインするための情報
・企画書や稟議書、契約書などのテンプレート
・申請や稟議、精算などの手順を示したマニュアルや価格表など

　これらのリファレンスファイルをどのように管理するかが、1つの工夫のしどころです。

　日常の業務をおおまかな単位でプロジェクト化して、そこにリファレンスファイルを仕分けておくと、必要な際に迷いません。筆者の場合、会社用には「電子書籍制作」「Web制作」「事務処理」の3つのリファレンスフォルダがあり、それぞれ作業に必要な定型フォーマットや外部に発注するためのマニュアルなどが入っています。

ルーチンワークを「長期的なプロジェクト」として定義する

　リファレンスファイルと似た存在に、毎週や毎月などの一定単位で発生するルーチンワーク用のファイルがあります。これらは毎回テンプレートを埋めたり、前回使ったファイルを流用することが多くあります。そこで、

ルーチンワークの仕事も「長期的なプロジェクト」として、1つのフォルダにしましょう。たとえば、「売上報告」「支払い処理」といったプロジェクトを作成し、その中に「テンプレート」というフォルダを作って、毎月使用する売上報告や支払い依頼のテンプレートファイルを入れておくのです。

毎月の月初になると、「1504」「1505」といった年と月を表すフォルダを作ります。1505なら「2015年5月」という意味です。テンプレートフォルダから必要なテンプレートをコピーして、その月の提出書類を作成します。実際には、前月のフォルダから提出書類のファイルをコピーしてきて、今月分に合わせて修正するほうが早いでしょう。その場合は、修正漏れのミスが生じないように注意してください。

問題はたまにしか発生しない業務で、どのテンプレートを使うかも忘れがちです。

「新規取引先は、取引先台帳への登録を行う。テンプレートに記入し、印刷して提出」

のような情報は、簡易マニュアルとして、Evernoteなどに記録しておきましょう。

あとから見つけやすい名前をつける2つのルール

WindowsやMacのファイル検索の機能はとても便利ですが、あるはずのファイルがなかなか見つからないこともあります。そこで、フォルダやファイルの命名ルールを決めておけば、フォルダをたどって探すときも、ファイル検索で探すときも、目的のファイルを探しやすくなります。

ルールは以下の2つです。

1. ユニーク（唯一）で、内容を推測できる名前にする

フォルダやファイルの名前を付けるとき、一番やってはいけないのは、抽象的な概念で名前を付けることです。たとえば、「企画書」や「損益計算

書」のような、どこにでも使える名前を付けた場合、作ったその瞬間は何のファイルかわかっていても、時間が経つにつれ、わからなくなります。また、同じフォルダに複数の「企画書」があるとき、「企画書1」「企画書2」のように連番で区別すると、必要になるたびに、それぞれの内容を確認することになります。

　名前を付けるときは、常にほかと被らない「ユニーク（Unique＝唯一）」で、かつ内容が容易に推測できるものにしましょう。

2. 目的＋日付で名前を付ける

　内容を想像できるファイル名にするには、製品名やイベント名、会議名など、ファイルの目的に沿った具体的な名前にしましょう。

　また、イベントや会議は月ごとや週ごとに繰り返すことがあるので、ファイルを区別するために、日付を組み合わせます。日付は、2015年6月10日なら「150610」というように、YYMMDD（Y：Year：年、M：Month＝月、D：Day＝日）と、6桁の数字になるようにします。次回が未定でも、常に日付をつけるルールにしましょう。

　日付には、以下の2種類が考えられます。

・ファイルを制作した日付
・ファイルを使用する日付

　ファイルを使用する日付が明確なら、それを使いましょう。2015年11月8日に開催される営業会議の報告資料なら、「営業会議報告151108」とすれば、探すときも内容を知りたいときにも役立ちます。

　ただ、名前を長くしすぎると、ファイルを管理するときに名前が全部表示されないことがあります。フォルダ名やファイル名は、長くても12〜15文字くらいに収めるように工夫しましょう。

ファイル名に日本語を付けてはいけない?

　1990年代中頃まで、一般的なPCではファイル名には8文字の英数字しか使えませんでした。Windows 95以降は、長いファイル名や日本語を使ったフォルダ名やファイル名が使えるようになりました。いまでは、一般的なオフィス文書なら、日本語のファイル名も問題なく使えます。

　しかし、「100%問題ない」とは言い切れません。海外製のアプリは、ファイル名やフォルダ名に日本語が含まれていると誤動作することがあります。

　なにかトラブルがあったときは、ファイル名やそのファイルを含むすべてのフォルダ名を英数字にしてみると、解決することもあります。

　また、Mac OS Xで日本語を名前に含むファイルやフォルダを圧縮してZIPファイルを作成し、それをWindowsで展開すると、ファイル名が文字化けします。これを避けるには、以下のいずれかのようにします。

・ファイル名に日本語を使わない
・OSの標準機能の代わりに、「WinArchiver Lite」のような代用ソフトで圧縮する
　(「WinArchiver Lite」はMac App Storeから無料でインストール可能)

　ファイルをだれかに渡すときは、「自分の環境では問題ないから、大丈夫」と考えてはいけません。相手やその先にいる人に迷惑をかけないよう、気配りをしましょう。

英数字は半角を使おう

　ファイル名に日付を入れるとき、全角数字と半角数字の2種類の文字が使えます。このとき、パソコンに慣れていない人が全角数字を使ってしまうことがあります。

　しかし、ファイル名に使う英数字は、半角文字だけを使うことをおすすめします。

ファイル名に日本語を使うことのリスクは説明しました。この「日本語」とは、全角文字のことです。ABCや0123のような英数字には全角文字と半角文字があり、全角文字の場合は日本語と同じ種類の文字になります。つまり、環境によっては、わずかですが、問題が生じる可能性があるのです。また、ファイル名の中に全角と半角の英数字が混在すると、うまく名前順に並べることができなくて、混乱の原因になります。
　そこで、「ファイル名やフォルダ名に使う英数字は、すべて半角文字にする」と決めましょう。それだけでも、ファイル名に関するトラブルを減らせます。
　また、ファイル名以外でも「全角英数字は使わない」を基本的なルールにしておけば、迷ったりまちがえることもなくなります。

「どこでもワンポケット」を Dropbox で実現する

　第1章で解説した「ルール2」で、ファイルを探す手間を省くために、「ファイルはすべてDropbox内に置く」というルールを決めました。Dropboxは、ファイルが散逸しがちなデジタル＆モバイルの時代に「ポケット1つ」の原則を実現できる、「クラウドストレージ」サービスの代表です。

　Dropboxのホームページから無料アプリをダウンロードして起動すると、パソコンの中に「Dropbox」というフォルダが作成されます。この「Dropbox」の中にサブフォルダやファイルを置くと、自動的にインターネット上のサーバー上にコピーが作られます。別のパソコンにDropboxを導入すると、1台目のパソコンのDropboxフォルダの中身が、自動的に2台目、3台目のパソコンにコピーされます。2台目のパソコンのDropboxフォルダの中身を変更すると、自動的に1台目と3台目のパソコンに反映されます。

　スマホやタブレットからも、専用アプリを使って、Dropboxフォルダにアクセスできます。スマホやタブレットの場合、すべてのファイルを同期するには記憶領域が足りないので、都度必要なファイルだけを手元に同期する形になりますが、使い勝手はパソコンで使うのと大差ありません。

　このように、Dropboxならば非常にシンプルに「ポケット1つ」の原則を実現できるのです。

　Dropboxのアカウントは以下のURLで登録できます。

https://www.dropbox.com/

Dropboxで「どこでもワンポケット」を実現

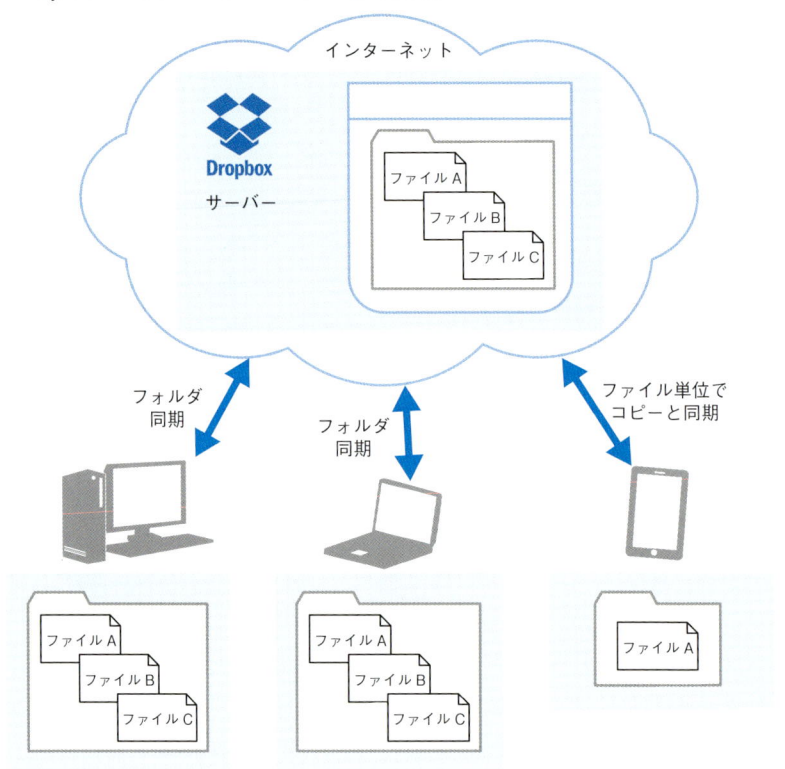

複数サービスを使うぐらいなら「投資」と思って有料プランに

　Dropboxは無料でも使えますが、容量は2GBまでです。DropboxのTwitterアカウントをフォローしたり、友人をDropboxに招待することで、最大で十数GBまで無料領域を増やせますが、友人を誘うのも面倒です。ビジネスパーソンなら、有料アカウントにしたほうが手短かです。

　Dropboxの有料コースにはいくつかありますが、一番安い月額9.99ドルで1TB使えるコースで十分でしょう。年間契約にすれば、月額8.25ドルになります。雑誌1冊もしくは昼飯1回分くらいのお金でビジネスの効率が

上がるなら、安い買い物です。

　Dropboxはクラウドストレージサービスの先駆けですが、現在では似たようなサービスがたくさんあります。Google、Apple、MicrosoftというIT業界の巨人もそれぞれDropboxの対抗サービスを提供していますし、クラウドストレージ専門のベンチャーによるサービスもたくさんあります。それらの後発サービスは、Dropboxに比べると無料で使える量が多く、有料契約した際の料金も割安です。「より大きな容量を、より安く利用したい」という場合には、ほかのクラウドストレージを使うという選択もあると思います。

　しかし実際に使うと、Dropboxには多くの利点があります。

1. パソコンとクラウドの同期が速い。
2. 上書きや削除してしまったファイルを復活できる。
3. ファイルやフォルダの共有もかんたん。
4. パソコンやスマホの外部アプリやサービスで対応しているものが多い。

　筆者は上記の理由から、クラウドストレージはDropboxを中心に使っています。

　複数のクラウドストレージサービスの無料サービスを並行して使い分ける方法もありますが、複数のクラウドを同期するアプリが必要になるので、パソコンの処理パワーが同期に使われて遅くなるリスクがあります。ファイルの管理も煩雑になり、ミスを引き起こしかねません。

　忙しいビジネスマンなら、ケチケチしてつまらないリスクを負うより、投資のつもりで、有料のサービスを検討しましょう。

うっかり削除や上書きしたファイルを復活させるには

　「せっかく時間をかけて作った会議の資料を、白紙のファイルで上書きしてしまった……」

そんな痛い経験をしたことはないでしょうか？

普段は気をつけていても、急ぎの仕事や重要な仕事で根を詰めてがんばった結果、疲労で注意力が散漫になってミスをすることはよくあります。

そんなミスから救ってくれるのが、Dropboxの更新履歴の保存機能です。ファイルを書き換えても、以前保存したバージョンを何世代にも渡って保存しておいてくれます。上書きした場合だけでなく、削除した場合でも、この機能を使えば復活できます。

❶ 目的のファイルがあるフォルダ上で右クリックし、「Dropbox.comで表示」をクリックする。

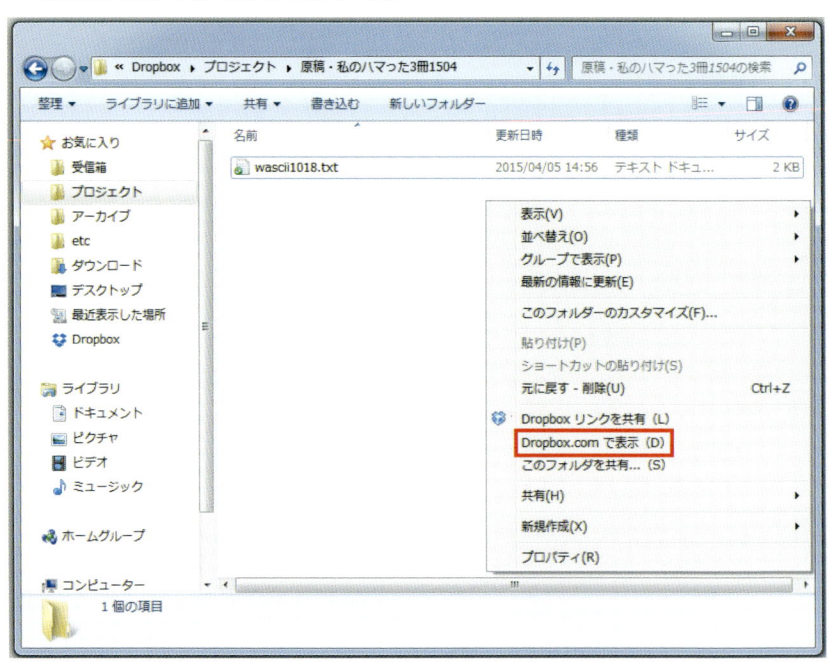

❷ Webブラウザでdropbox.comが開き、フォルダの内容が表示される（要ログイン）。

削除したファイルを復活させたい場合は、以下のようにします。

❶ 上にあるゴミ箱アイコン（削除したファイルを表示）をクリックする。

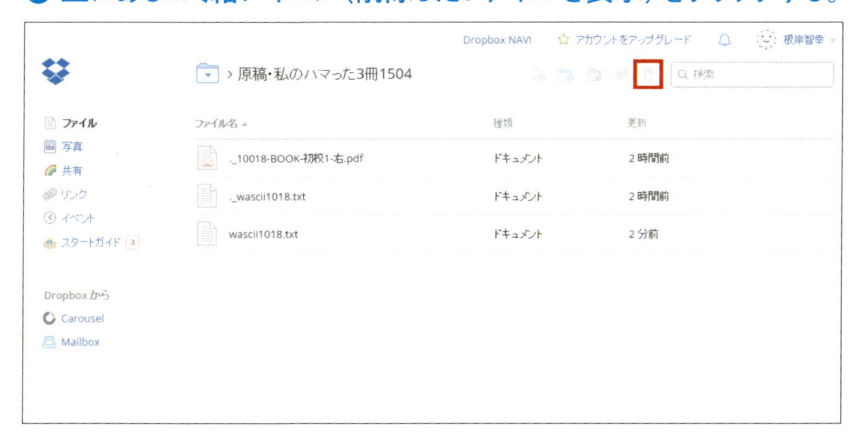

❷ 削除済みのファイルがグレーで表示されるので、右クリックして「復元…」をクリックすると、削除したファイルが復元される。

上書きしたファイルを元に戻したいときは、以下のようにします。

❶ 対象のファイルの上で右クリックして、「以前のバージョンを表示」
をクリックする。

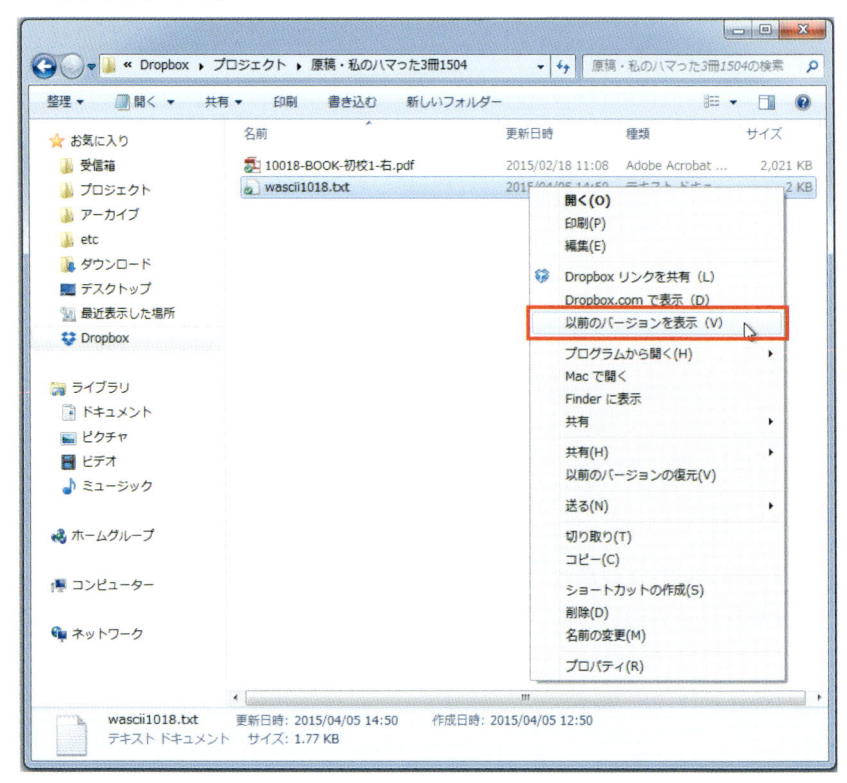

❷ 画面が切り替わり、元に戻したいファイルの以前のバージョン一覧
（バージョン履歴）が表示される。

❸ **戻したいバージョンを選んで、「復元」をクリックする。**

　ファイルを復元するときに気をつけたいのは、過去のバージョンを復元すると、最新バージョンは消えてしまうことです。最新バージョンの変更もとっておきたい場合は、元に戻したいファイルのコピーを別名で作成しておき、復元後に複写しておいた最新版の変更点を手動で書き戻します。

ブラウザのダウンロード先を選択可能にしておこう

　Gmailの添付ファイルも、DropboxやGoogleドライブなどのクラウドストレージでファイルを共有された場合も、ダウンロード時に使うアプリはChromeなどのWebブラウザです。
　通常は、Chromeでファイルをダウンロードすると、「ダウンロード」フォルダに保存されます。毎回そこから受信箱や各プロジェクトのフォルダに移動するのは、二度手間です。
　ダウンロード先を「ダウンロード」から「受信箱」に変更する、という考え方もあります。その場合、アプリのインストーラなど数GBもある大きなファイルも受信箱に入ってしまいます。受信箱をDropboxの中に設置していた場合、必要もないのに長時間Dropboxの同期が行われ、パソコンの動作が遅くなったりします。

そこで、Chromeでファイルをダウンロードするたびに保存先を選ぶように設定を変更しましょう。サイドバーに「受信箱」と「プロジェクト」を登録してあれば、保存時に素早く適切なフォルダを選べます。動画やアプリのインストーラなど、巨大なファイルはいったんデスクトップにダウンロードして、用が済んだら削除してしまいましょう。

❶ メニューアイコンをクリックし、メニューから「設定」を選ぶ。
❷ 「詳細設定を表示…」をクリックする。
❸ 「ダウンロード前に各ファイルの保存場所を確認する」にチェックを入れる。

第3章

メールを整理して ミスやストレスを なくす

メールの整理は
Gmail を基盤にする

　メールは、仕事の最も基本的かつ重要な道具です。連絡、指示、予定、素材やデータなど、さまざまな情報がメールで送られてきます。仕事を上手に捌けるかどうかは、メールを使いこなせるかにかかっています。

「メール環境」の2つの要素

　メールを素早く効率的に処理するために、環境を整備する必要があります。メール環境とは、以下の2つからなります。

1. メールアドレスとメールサーバ

　会社や学校、インターネットプロバイダなど、インターネットへの接続を提供してくれる組織が提供してくれます。

2. メールソフト

　実際にメールを送受信するためのアプリのことです。Windowsの場合、Outlook ExpressやWindows LiveメールなどがWindowsを開発したマイクロソフトから提供されています。MacやiPhoneの場合は、「メール」という、そのものズバリの名前のアプリが最初から用意されています。

　以前は、メール環境の整備とは、2.のアプリを変えることでした。しかしいまは、1.と2.の両方をあわせ持った「Gmail」を使うことをおすすめします。

Gmailの基本画面

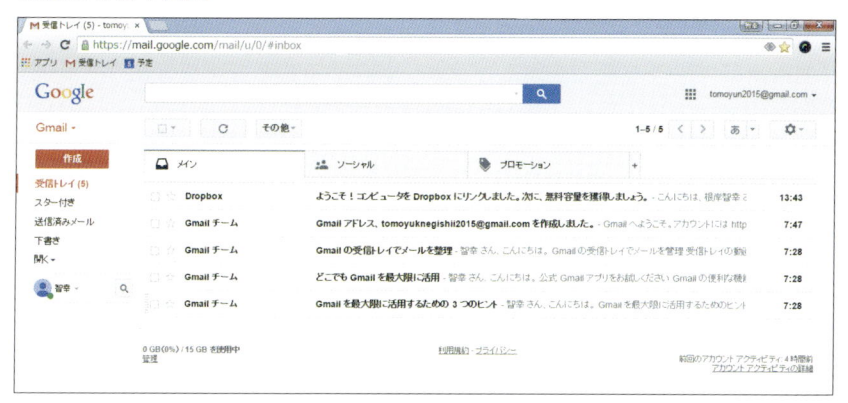

Gmailのどこが優れているか

　Gmailは、Googleが提供するクラウドサービスです。登場して10年以上経ち、広く普及しており、以下のような利点があります。

- ・無料で利用できる
- ・Webメールなので、Webブラウザがあれば、どこでも利用できる
- ・Webメールなのに動作が軽快かつ高機能
- ・メールを安全かつ効率良く管理できる機能が豊富
- ・GoogleカレンダーやGoogleドライブなど、ほかのサービスと連携することでさらに便利になる

　これらのメリットに加えて、Gmailはとても柔軟なので、ほかのメールサーバやメールアプリと連携させて使えます。もし、会社のメールが社外からもアクセス可能なら、会社のメールを個人のGmailで管理できます。
　最近は、多くの大学や企業で、自前のメールサーバではなく、Gmailを使うことが増えています。その場合、メールアドレスは@gmail.comではなく、@xxxx.ac.jpや@yyyy.co.jpのように独自のドメイン名のままですが、Gmailの利点をすべて利用できます。

Gmailの3大機能を知る

　Gmailには膨大な機能がありますが、すべてを覚える必要はありません。まずは、以下の3つの機能を知っておきましょう。どれもかんたんに使えます。

1. スレッド機能

　仕事のメールは、一度の送信では終わりません。互いに返信を繰り返して1つの仕事が完結するのが一般的です。この返信のやりとりが1通ずつバラバラに分かれて受信トレイの中に散らばると、それだけで混乱やミスの原因になります。

　そこでGmailでは、返信のやりとりを自動的に1つのスレッドにまとめて表示します。「スレッド」は「糸」「文脈（ストーリー）」という意味です。

　この機能のおかげで、複数の仕事のメールを同時並行で処理しやすくなります。

2. アーカイブ機能

　メールをミスなく効率よく処理するには、処理の終わったメールを受信トレイから取り除いて、未処理のメールのみに集中できるようにする必要があります。そのとき、処理の終わったメールを削除するのではなく、保存していつでも再利用できる仕組みが「アーカイブ」です。

　Gmailは、1人あたり10GB以上もの保存容量が提供され、しかも容量は自動的に増えていくので、一般的な使い方なら残り容量を気にせずメールをアーカイブできます。

スレッド機能

非スレッド方式

鈴木一郎	Re: バナー制作の件	5月26日
佐藤花子	Re: 販促会議開催日程	5月26日
田中祐子	Re: 紹介プログラムの話	5月26日
鈴木一郎	Re: バナー制作依頼	5月26日
高橋健太	Re: 健康診断表の件	5月26日
田中祐子	Re: 紹介プログラムの話	5月25日
高橋健太	Re: 健康診断表の件	5月25日
佐藤花子	Re: 販促会議開催日程	5月25日
鈴木一郎	Re: バナー制作の件	5月25日

← 返信のやりとりがほかのメールに混ざってしまう

スレッド方式

鈴木一郎 (3)	Re: バナー制作の件	5月26日
佐藤花子 (2)	Re: 販促会議開催日程	5月26日
田中祐子 (4)	Re: 紹介プログラムの話	5月26日
高橋健太 (3)	Re: 健康診断表の件	5月26日

返信のやりとりがひとつのスレッドにまとめられる。複数の仕事（話題）を同時並行で進めやすくなる。

スレッドを開くと、掲示板のようにまとめて読める

バナー制作の件	
鈴木一郎	5月24日
お疲れ様です。販促キャンペーン用のバナーの件で相談です。	
根岸智幸	5月25日
納品は6月10日までにいただきたくお願いします。表示は11日の午前9時からの予定ですが、問題があるようで	
鈴木一郎	5月26日
表示は11日の午前9時からで問題ありません。1週間後の差し替え用のバナーはいつまでに用意すればいいで	

アーカイブ機能

受信トレイ

鈴木一郎 (3)	Re: バナー制作の件	5月26日
佐藤花子 (2)	Re: 販促会議開催日程	5月26日
田中祐子 (4)	Re: 紹介プログラムの話	5月26日
高橋健太 (3)	Re: 健康診断表の件	5月26日
鈴木一郎 (3)	Re: 新規キャンペーン	5月25日
佐藤花子 (2)	Re: ARPPU向上施策について	5月25日
田中祐子 (4)	Re: リタゲ広告予実	5月25日
高橋健太 (3)	Re: 研修プログラム	5月24日

チェックと対応が済んだメールはすべてアーカイブ

メールの数が減ると残件を視認しやすくなる

受信トレイ

鈴木一郎 (4)	**Re: 新規キャンペーン**	**5月25日**
佐藤花子 (2)	Re: ARPPU向上施策について	5月25日
田中祐子 (4)	Re: リタゲ広告予実	5月25日
高橋健太 (3)	Re: 研修プログラム	5月24日

アーカイブしたスレッドに返信が来ると、受信トレイに戻ってくる

最終的に空にすると気分もスッキリ！（これが大事）

受信トレイ

アーカイブ

鈴木一郎 (3)	Re: バナー制作の件	5月26日
佐藤花子 (2)	Re: 販促会議開催日程	5月26日
田中祐子 (4)	Re: 紹介プログラムの話	5月26日
高橋健太 (3)	Re: 健康診断表の件	5月26日
鈴木一郎 (3)	Re: バナー制作の件	5月26日
佐藤花子 (2)	Re: 販促会議開催日程	5月26日
田中祐子 (4)	Re: 紹介プログラムの話	5月26日
高橋健太 (3)	Re: 健康診断表の件	5月26日

Gmailの「アーカイブ」機能を使うと、メール（スレッド）が受信トレイから見えなくなる。そのスレッドに返信が来ると、再び受信トレイに現れるので、対応したらまたアーカイブする。

※実際には、Gmailに「アーカイブ」（保管庫）というトレイは存在しない。「すべてのメール」がアーカイブに相当する。

3. 検索機能

　Googleはもともと優れたWeb検索の技術で成功した会社です。Gmailにもこの検索技術が活かされており、受信トレイやアーカイブ内のメールを瞬時に検索することができます。

検索機能

必要なときにキーワードで検索

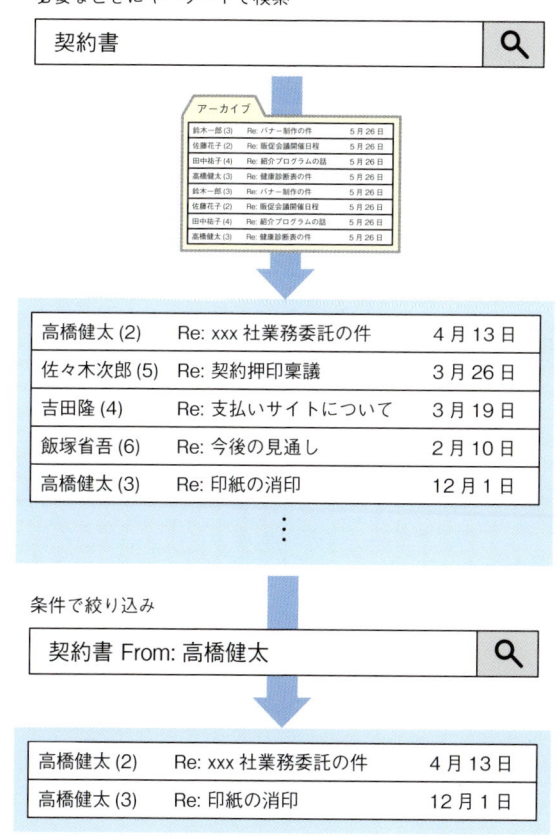

| 契約書 | 🔍 |

アーカイブ

鈴木一郎 (3)	Re: バナー制作の件	5月26日
佐藤花子 (2)	Re: 販促会議開催日程	5月26日
田中祐子 (4)	Re: 紹介プログラムの話	5月26日
高橋健太 (3)	Re: 健康診断表の件	5月26日
鈴木一郎 (3)	Re: バナー制作の件	5月26日
佐藤花子 (2)	Re: 販促会議開催日程	5月26日
田中祐子 (4)	Re: 紹介プログラムの話	5月26日
高橋健太 (3)	Re: 健康診断表の件	5月26日

高橋健太 (2)	Re: xxx 社業務委託の件	4月13日
佐々木次郎 (5)	Re: 契約押印稟議	3月26日
吉田隆 (4)	Re: 支払いサイトについて	3月19日
飯塚省吾 (6)	Re: 今後の見通し	2月10日
高橋健太 (3)	Re: 印紙の消印	12月1日

条件で絞り込み

| 契約書 From: 高橋健太 | 🔍 |

| 高橋健太 (2) | Re: xxx 社業務委託の件 | 4月13日 |
| 高橋健太 (3) | Re: 印紙の消印 | 12月1日 |

スレッドを使いこなすために知っておきたい4つのルール

メールの返信のやりとりを自動で1つにまとめてくれる「スレッド」は、慣れると手放せなくなります。ただし、挙動を知らないと少しとまどうこともあるかもしれません。以下の4つのルールをおさえておきましょう。

1. なにもしなくても、返信の流れが1つのスレッドになる

たとえば、AさんがBさんと来週の会議の件を、Cさんとは明日の外出の件をメールで相談していたとすると、それぞれのやりとりが、何本あっても受信トレイ上では自動的に1つにまとまって表示されます。

複数のメールがスレッドにまとまる様子

Bさん (3)	Re: 来週の会議	5月26日
Cさん (2)	Re: 明日の外出	5月26日
Dさん (3)	Re: 本日の議事録	5月25日
Eさん (2)	Re: 写真おくります	5月25日

スレッドを使うことで、複数の人と別々の会話を進行できる。

2. 既読メールは、タイトルだけ表示される

　受信トレイからスレッドを開くと、一連のメールが新しい順に縦につながって表示されます。ただし、既読メールは件名だけが表示され、それをクリックすると本文などが表示されます。
　また、本文内で以前のメールを引用した部分も、自動的に省略されて、「……」と表示されます。これも、クリックすると省略部分が表示されます。
　この機能のおかげで、本来読むべき部分にだけ集中できます。

3. 返信するときに件名を変えてはいけない

　返信するときに件名を変える人がいますが、これをやるとスレッドがうまくつながらなくなる可能性があります。メールの相手がスレッドを使っていなくても、相手を混乱させ、メールの見落としや処理忘れの原因になります。返信で件名を変えることは避けましょう。

4. 返信で違う話題を書いてはいけない

　会議の件のメールの返信で、経理や請求の件を送るような、関係のない話題を返信するのも、混乱を招く原因になります。

　「返信で件名を変えれば、話題を変えてもいい」

と思ってしまうかもしれませんが、件名を変えても元のスレッドに新しい話題が混じってしまうことがあるので、混乱の原因になります。
　違う話題に返信してしまう理由の多くは、メールアドレスが覚えられないからです。その場合は、あとで説明するように「連絡先」の整理をきちんとすれば解決します。

読み終わったメールは
アーカイブする

未読メールをどんどん処理するサイクルを作ろう

「アーカイブ」は、読み終わったメールを受信トレイからアーカイブ（＝書庫）に格納する機能です。処理が終わったメールをワンタッチで受信トレイからとりのぞき、未処理のメールだけに集中できます。

受信トレイ内のメールをアーカイブするには、メールを開いた状態でGmailの画面上部にあるツールバーにあるアーカイブボタンをクリックします。

Gmailのスレッドとアーカイブボタン

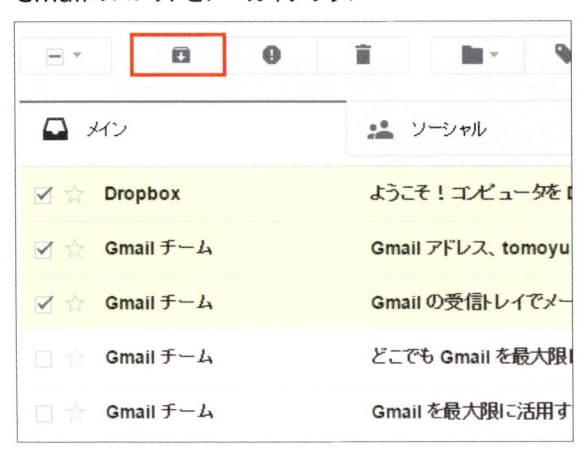

これによって、以下のサイクルで、未読メールをどんどん処理できます。

1. 未読メールを開く
2. 必要があれば返信や転送する
3. アーカイブする

件名だけで判断して一括アーカイブ

　件名を見るだけで、開く必要がないメールもあります。そのようなメールは、受信トレイにメールが並んでいる状態で、複数同時にチェックを入れて、一括してアーカイブしましょう。

　アーカイブが完了すると、以下の表示が出てきます。

「スレッドをアーカイブしました　詳細　取り消し」

　ここで「取り消し」をクリックすると、アーカイブが取り消されて、メールが受信トレイに戻ってきます。

アーカイブしたメールをもう一度見たいときは

　アーカイブしたメールをもう一度見たいときは、検索機能を使います。Web検索で培われたGoogleの優れた検索技術によって、メールの件名だけでなく、宛先や本文など、メールに含まれるあらゆる要素で素早く検索できます。複数のキーワードで絞り込むこともできます。

　検索キーワードが思いつかないときは、左側のメニューの「すべてのメール」をクリックすれば、受信トレイに残っているものも含めて一覧で見ることができます。

メールは分類せず、検索する

細かく分類して整理するのはやめよう

　Gmailとほかのメールサービスやアプリと比べたとき、最もわかりやすい魅力は「検索がとても強力なこと」です。Googleはその優秀な検索技術によって、Web検索の世界で独占的な地位を気づきました。その優れた検索技術が、Gmailのメール検索にも使用できるのです。

　Gmailでは、ラベルやスター、自動振り分けなどの機能で、受信したメールを細かく分類して整理することもできます。しかし、Gmailの検索機能が非常に高速かつ正確なので、筆者はラベルで分類するのをやめてしまいました。

　過去のメールを参照したくなったら、Gmailの画面上部に表示されている検索フォームにキーワードを入れて検索します。

Gmailの検索画面

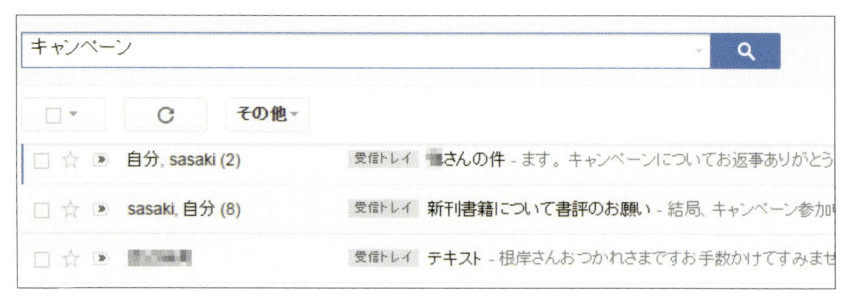

送信元や宛先の名前で検索するときの注意

　一番多いのは、相手の名前による検索でしょう。検索の欄に名前の一部を入れると、自動的に補完され、メールアドレスが表示されます。

仮に鈴木さんという名前を入れて、複数の候補が表示されたときは、メールアドレスのドメイン名から会社名を推察して選ぶと、まちがえにくくなります。
　ただ、仕事相手に鈴木さんがたくさんいて、しかも候補に目的の鈴木さんが表示されないこともあるでしょう。そういう場合は、「suzuki」など相手のメールアドレスの一部を入れれば、候補に表示されます。
　それでも出ない場合は、「ichirou」など、下の名前を入力してみましょう。

検索条件を細かく指定して絞り込むには

　相手がよくやりとりする相手だと、メールの数も増えるので、名前だけでは絞り込みきれないこともあります。その場合は、以下のようにすれば、鈴木一郎さんが送信した「販促資料」に関するメールだけに絞り込まれます。

　　from:鈴木一郎　販促資料

　逆に、含みたくないキーワードには「-」（マイナス）を付けます。たとえば以下のようにすれば、鈴木一郎さんに宛てにメールした「週報」を含まないメールに絞り込まれます。

　　to:鈴木一郎　-週報

　ほかにも便利な検索記号があるので、使ってみてください。

【代表的な検索条件指定】
・from:xxxx　→　送信者がxxxx
・to:xxxx　→　受信者がxxxx
・-xxxx　→　xxxxを含まない
・has:attachment　→　添付ファイル付き
・older:YYYY/MM/DD　→　YYYY年MM月DD日以前の

・newer:YYYY/MM/DD → YYYY年MM月DD日よりあとの

【例】
from:鈴木一郎 newer:2015/03/01 older:2013/04/01 has:attachment

　鈴木一郎さんが、2015年3月中に送信した、添付ファイル付きのメールを検索。日付は、その日の午前0時を意味することに注意。

検索条件指定を覚えるのが面倒ならば

　From:やTo:などの検索条件指定を覚えるのが面倒なら、検索条件の設定パネルを使いましょう。検索フォーム内の「▼」マークをクリックすると、検索条件の設定パネルが表示されます。

Gmailの検索条件設定パネル

メールを手際よく捌くコツ

「なんとなく手が付けやすい順番」で対応していると混乱する

　届いたメールは、どれも同じではありません。それぞれ重要度が異なります。

・急いで返信が必要なメール
・処理や対応に時間がかかるメール
・資料や素材を添付ファイルとして送ってきたメール
・単なる「情報共有」のためにCcされてきたメール

　これらのメールを、なんとなく手が付けやすい順番に対応していくと、次第にメールトレイが混乱状態になります。受信トレイに対応済みのもの、対応中のもの、対応待ちのものがランダムに並び、混沌としてきます。
　未処理や処理中のメールが少ないうちは、なんとかなります。しかし、時間が経つにつれて、たくさんのメールが受信トレイに溜まり、未処理のメールがいつの間にか受信トレイの後ろまで流されて視界から消え、返信しないまま忘れられます。もしくは、未返信のメールのことが頭のすみに残り、それが小さなストレスになります。受け取ったまま放っておいた添付ファイルをいざダウンロードしようとすると、なかなか見つけられず、ムダな時間を過ごしてしまったり。そんな、小さなストレスや短いムダな時間が積み重なって、ミスや遅れの原因になるのです。

未整理の混乱した受信トレイ

受信トレイを空にするだけで、ミスや遅れが劇的に減る

　メールを読み書きするためのソフトには、未処理のメールを管理するために、さまざまな機能が用意されています。

- メールを開くと自動的に消える「未読マーク」の機能
- 「フラグ」や「スター」などのマークを付ける機能
- 「フォルダ」や「ラベル」など、メールを分類するための機能

　これらを使って上手にメールを管理している人もいます。しかし、それができるのは几帳面な人だけです。もしくは、本人は管理できているつもりでも、じつは細かいミスがあったり、崩壊寸前の場合もあるでしょう。メールが少ないうちはなんとかなりますが、メールが増えるにつれて気を配らねばならない範囲が拡大し、ついには注意が行き届く範囲を超えてしまうのです。

　じつは、ラクにメールを管理できるかんたんな方法があります。それは、「受信トレイを常に空にする」ことです。

　メール管理が面倒になる原因は、未読メールと既読メールの混在にあります。そこで、処理が終わったメールは、すべて受信トレイから取り除き、なるべく空の状態にすることを目指すのです。

実際に空にできなくても、残っているメールはすべて未処理のものだけなので、未読を見落としたり、処理を忘れることがなくなります。空にできれば、「メールをすべて処理できた！」という達成感によってストレスから解放され、やる気もでます。これが、じつは重要です。

一度に空にできない場合、未処理のメールの数は、ひと目で見て把握できる10通以下を目指すといいでしょう。

スッキリ整理された受信トレイ

受信トレイを空に保つための4つのルール

繰り返しになりますが、メール処理の基本は、受信トレイを常に空にすることです。受信トレイにあるメールの数が少なければ少ないほど、見落としたり、対応を忘れることもなくなります。

受信トレイを空に保つためには、以下の基準でメールを処理しましょう。

❶ 5分で返事を書けるメールはすぐに返信して、アーカイブする。
❷ すぐに対応を完了できないメールは、了解した旨を返信してから、EvernoteやNozbeなどに転送して、アーカイブする。
❸ 情報共有のためのCcやメルマガは、気になるものだけ、「あとで読む」リストに入れる。基本的には、ざっと目をとおしてアーカイブ。
❹ 添付ファイルは、用途が明確なものだけダウンロードして、プロジェクトフォルダに仕分ける。「いつか必要になるかもしれない」ファイルは、添付したままアーカイブして、必要になったときに検索してダウンロードする。

短くても返事をすることが大事

　メールは、電話と違ってお互いの時間を拘束しないのが利点ですが、「相手が受け取ったのか？」「相手がそのメールをどう思っているのか？」がわからないのが欠点です。

　また「送った」という事実だけを言い訳にして、「返信しない相手の責任だ」という態度をとる人がいますが、それでは仕事はスムーズに進みません。仕事を円滑にかつ素早く進めるには、受け取ったメールに対して「受け取りました」とか「対応に少し時間がかかります」などと、状況に応じた返信をできる限り早く返しましょう。

　逆に、返信が遅い相手には、電話や対面で「返信ありませんが、どうなっていますか？」と早めに促していけば、相手も「この人には返信が必要だ」と認知して返事がもらえるようになります。

すぐに処理できないメールは、転送する

　「レポートや会議資料を作る」
　「原稿やデータを納品する」
　「訪問の日程を調整する」

といったとき、すぐには処理を完了できないメールもあります。そういったメールは、処理が終わるまで受信トレイに残すのではなく、処理をしやすい別のツールに転送したほうが、仕事が前に進みやすくなります。

　筆者の場合は、万能ノートであるEvernoteかタスク管理ツールのNozbeのどちらかに転送しています。

　メールの転送先を決める基準は以下のとおりです。

❶ ToDo（やらなければいけないこと）はNozbeに転送する

　「x月y日までに議事録を提出してください」

というような期日が決まった具体的な依頼の場合も、

「売上低迷の打開策を考える」

という漠然とした宿題の場合も、「実行すべき案件」である点では同じです。そういったToDoの管理は、Nozbe（第5章で解説）のようなタスク管理ツールに移したほうが効率的です。Nozbeで日付を設定するとGoogleカレンダーにも自動的に締め切りを設定できるのも利点です。

Nozbe以外でもメール転送で登録できるToDo管理ツールがあるなら、それを使ってください。Googleタスクのようにメール転送ができない場合は、そのツールにToDoを登録したあとメールをアーカイブします。

❷ メモや資料はEvernoteに転送する

メールで送られてきた仕事に関する資料や、連絡事項などのメモはEvernoteに転送しておき、あとでノートブックやタグを使って整理します。「Gmailで受け取ったままアーカイブしておいて、あとで検索する」というやり方もありますが、検索にたくさんマッチしたなかから目的の資料を探す時間がムダになります。

たとえば、「会社の資料や申請書がサーバのどこにあるか」とか「会議の発表資料を置くサーバの指定のフォルダの場所」といったような、いつ必要になるか想像できる情報は、Evernoteに転送して整理します。

メールで送られてきた情報は、挨拶や書名など、余計な情報がたくさん含まれていて、必要な情報は1、2行しかないこともあります。Evernoteに転送したら、不要な情報は削除し、場合によってはノートを統合することで、自分にとって使いやすいリファレンスを作りましょう。

データ登録用のメールアドレスを登録する

EvernoteとNozbeはともに、ユーザーごとにデータ登録用メールアドレスが決まっています。そのメールアドレスにメールを転送すると、

Evernoteの場合は「新規ノート」として、Nozbeの場合は「新規タスク」として登録されます。添付ファイルがある場合も、そのままNozbeやEvernoteの添付ファイルになります。

【Evernoteの登録用メールアドレスの調べ方】
❶ Evernoteのアプリを起動する。
❷ 左上にある自分のアカウント名をクリックする。
❸ メニューから「アカウント情報…」をクリックする。
❹ 「ノートをメール送信：」の下にノート作成用メールアドレスが表示される。
　【例】negishi.bh987@m.evernote.com
❺ 上記のアドレスをGmailの「連絡先」に「evernote」として登録しておく。

　なお、2015年4月下旬よりEvernoteの無料プランではメールの転送保存ができなくなりました。無料プランでも「Evernote Web Clipper」によるメール保存は可能なので、そちらをお使いください。また、月240円もしくは年間2000円で利用できる新プラン「プラス」が新設されました。メール転送保存を利用するには「プラス」か従来のプレミアム（年4000円）をご利用ください。

【Nozbeの課題登録用メールアドレスの調べ方】
❶ Nozbeのアプリを起動する。
❷ 左サイドバーの下から2番目の歯車アイコン（設定）をクリックする。
❸ 設定メニューから「連携設定」をクリックする。
❹ 「EmailでタスクをNozbeに送る」で暗証番号を設定する。
　【例】ユーザー名＝negishi、暗証番号＝96482
　　→課題登録用のアドレスは「negishi.96482.nozbe.me」となる。
❺ 上記のアドレスをGmailの「連絡先」に「nozbe」として登録しておく。

後から参照したいスレッドはEvernoteに保存する

　過去のメールの履歴にはいろいろな情報が含まれるので、そのやりとり

の中の1通分だけ保存しても、あとから見直すと情報が足りないことがあります。それを避けるには、一連のメールをスレッドごとまとめて保存しておくのが一番です。

　Chromeの拡張機能「Evernote Web Clipper」を使うと、Gmailのスレッド内のメールをまとめてEvernoteにクリップできます（P.260も参照）。方法はかんたんで、拡張機能をインストールしておいて、Gmailでメールを読んでいるときに、Web Clipperのアイコンをクリックします。自動的にGmailのスレッドを認識してくれるので、「保存」ボタンを押せば完了です。

Evernote Web Clipperでメールを保存する

　保存したスレッドは、Gmailでアーカイブします。Evernoteにスレッドを保存したノートには「Gmail のスレッドを開く」というリンクが付きます。これをクリックするとGmailのスレッドが開き、返信できます。

Evernoteのノートからスレッドを開く

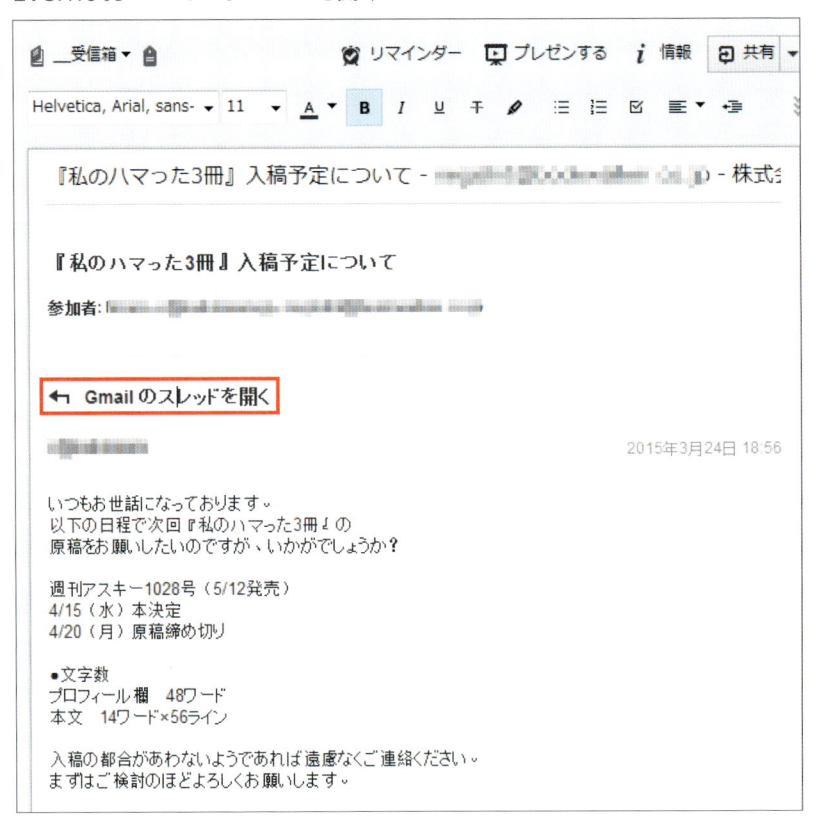

メーリングリストやメルマガは自動振り分けで受信トレイに表示しない

　情報共有のためのML（メーリングリスト）を使っている会社は、毎日、さまざまな定期報告がMLに流れてきます。また、公私いろいろな付き合いの中で登録解除できないメルマガ（メールマガジン）も、毎日のように流れてきます。

　「もしかすると大事なことが書いてあるかもしれない」という不安から1つ1つ開いてみたりしますが、これらは3つの意味でムダです。

・読まなくても、アーカイブしたり、削除する時間がムダ
・受信トレイ内の大事なメールに気がつきにくくなる
・MLやメルマガの些末な記述に気を取られて、注意が分散する

　このムダを省けば、仕事の効率も上がります。Gmailの自動振り分け機能で、受信トレイに表示させずに仕分けてしまいましょう。以下の方法で自動振り分けを設定できます。

❶自動振り分けしたいメールを開く。
❷メニューから「メールの自動振り分け設定」をクリックする。

❸ From、To、件名など振り分けの条件を指定して、「この検索条件でフィルタを作成」をクリックする。

❹「受信トレイをスキップ（アーカイブする）」をチェックする。

❺「ラベルを付ける」をチェックして、「ラベルを選択」でラベルを選ぶ。

ここで新しいをラベルを作ることもできます。

❻「XX件の一致するスレッドにもフィルタを適用する。」をチェックしてから、「フィルタを作成」をクリックする。

　振り分け条件を修正したいときは、Gmailの「設定」―「フィルタ」に振り分けの一覧があって、修正したり、削除できます。
　ラベルは、振り分けごとに細かく作るよりも、せいぜい「ML」と「メルマガ」ぐらいのおおまかな分類にしましょう。探すときは検索で探すので、細かく分類するのは時間のムダです。

相手から連絡しやすいように、署名に自分の連絡先を入れておく

なぜ、メールの署名欄に自分の連絡先を入れておくべきか

　メールの署名欄に自分の連絡先を入れておくのは、基本的なビジネスマナーです。署名を付けるメリットはいろいろあります。

- メールの発信者がだれなのか、何者であるかを明確にする
- 相手が電話や郵送など、別の連絡手段をとりたいときに迷わずにすむ
- 引用と返信を繰り返して長くなったメールを見返すときに、文章の区切りになって、読む手がかりになる。
- メールで自分の住所や電話番号を知らせるとき、署名からコピー＆ペーストするだけで済む

　特に初めて連絡するとき、しっかりとした署名が付いていると、それだけで相手の信頼感が増します。メールに署名を付けないのは、初対面の人に会いに行くときに、名刺を持たずに行くようなものです。
　逆に、署名に顔文字を入れたり、自社の宣伝を入れる人もいますが、これは相手によっては迷惑に思われることもあります。署名の目的はビジネスのコミュニケーションをスムーズにすることなので、必要最小限の要素に絞ることをおすすめします。

署名のフォーマットをおさえる

　基本的な署名のフォーマットは、次ページのようになります。

```
区切り線：-----------------------------
氏名：    根岸智幸
社名：    有限会社ずばぴたテック
部署名：  サービス開発部
メール：  negishi@zubapita.jp
住所：    〒10x-00xx 東京都大田区xxxxxx x-x-x　xxxxxビル 1F
電話：    TEL：03-xxxx-xxxx FAX：03-xxxx-xxxx
Web：    http://www.zubapita.jp
```

　名前が読みにくい場合は、よみがなを併記するといいでしょう。
　「署名にメールアドレスを入れるべきか？」
という議論もありますが、相手があなたのメールアドレスをコピーして使用したいときには便利です。
　会社のホームページのURLを入れるのは、身分証明的な意味と、宣伝の意味の2つの理由があります。知らない相手からメールが来たときに、ホームページを見て何者かを確認する人もいるのです。

Gmailで署名を設定するには

　Gmailでは、1つのメールアドレスに1つだけ署名を設定できます。手順は以下のとおりです。

❶ 画面の右上にある歯車アイコンをクリックしてメニューから「設定」を選ぶ。
❷ 設定画面をスクロールして、署名欄に入力する。

　Gmail上で複数のメールアドレスから送れるようにしている場合は、メールアドレスごとに署名を設定できます。

❸ 署名欄の下にある「返信で元のメッセージの前にこの署名を挿入し、その前の「--」行を削除する。」というチェックボックスをオンにする。

こうすると、返信のとき、署名を一番下ではなく、元のメッセージの前に挿入してくれます。最初に述べた、「署名を区切り」とするためには、このチェックを利用しましょう。

署名の設定

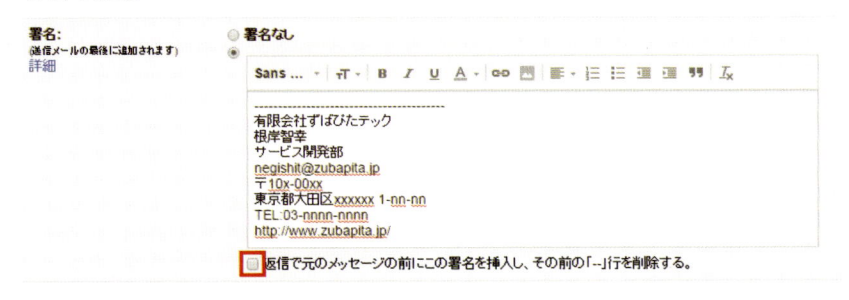

❹ 設定が終わったら、一番下までスクロールさせて「変更を保存」ボタンをクリックする。

署名による情報漏洩に注意

署名に自分の個人名、メールアドレス、住所、電話番号を載せるということは、詳細な個人情報を公開するということです。信頼できない相手や、だれが読んでいるかわからないメーリングリストにメールを送るときは、署名を削るなど、情報を公開しすぎないよう注意しましょう。

ちょっとした配慮で差が出る
送信の効率化

読んでほしい相手にはCcではなくToで送る

Ccメールの氾濫は問題?

　電子メールを仕事の連絡手段に使うとき、Ccで関係者との情報共有を図るのは、基本中の基本です。Ccとは「カーボンコピー(複写)」の略で、「本来のメールの送り先以外の人でも、関係者と思われる人には情報共有のために複写を送る」という使い方をします。

　Ccで情報共有するのは、個人同上で勝手に独断だけで進めていないということをまわりに証明したり、勘違いなどからトラブルに発展することを避けるという意味でも、大事な手続きだと言えます。

　また、Ccにすることは、「これは情報共有のために送っているだけだから、忙しいときは読まなくても大丈夫ですよ」という相手への気遣いにもなります。お互いの時間を節約するためにも、Ccを積極的に使うべきです。

　最近は「Ccによる情報共有によって、メールの数が膨れあがって、仕事の生産性を落としている」という批判もあります。しかし、Ccで来たメールを全部読む必要はありません。タイトルや宛先を見て、「しっかりと読んでおくべき」か、「ざっと読み流す」か、「読まずにアーカイブする」か、判断すればいいのです。読まなくても、アーカイブしておけば、あとで必要になったときに検索で探せます。特に部下を持つ人は、Ccメールを適時チェックすることで仕事の進み具合を把握できるので、便利な仕組みだと言えます。

読んでほしい相手にはCcではなくToの連名で

　ちょっと気をつけたいのは、必ず読んでほしい相手はCcではなくToで送ること。To欄はメインの1人にして、それ以外はCc欄で送ってしまうと、Ccで受け取った人は「自分宛ではないんだな」と思ってしまうからです。しかし、Toの宛先を複数にしてしまうと、宛先にされた人はそれぞれ自分が返事するべきか、別の人にまかすべきか迷います。忙しいと、全員から後回しにされかねません。

　そういうときは、宛先はToに入れて、メールの本文で、だれからの返事や行動を期待しているのか、明確にしましょう。

【例】

山田さん、鈴木さん

お疲れ様です。

来週納品の件はいかがでしょうか？
山田さんから進捗のお返事をいただきたくお願いします。

　IT系の会社だと、よりカジュアルに、「＞」マークを使って書きます。

【例】

山田さん、鈴木さん

お疲れ様です。

来週納品の件はいかがでしょうか？

>山田さん
進捗のお返事をいただきたくお願いします。

「全員に返信」をデフォルトにしよう

　社内か社外であるかに関わらず、仕事を進めるときは、関係者で情報共有するために、メールのCcが多用されます。ただ、Ccに慣れていない人がメンバーにいると、途中で送信者本人にだけ返信してしまって、会話が途切れてしまう危険があります。さらに、まちがいをリカバーしようとして、Ccを入れて同じメールを送り直したりすると、横からなんとなく状況把握だけしようとしていた人を混乱させます。

　これを避けるためには、Ccがついている／いないに関わらず、メールへの返信は必ず「全員に返信」にすることを心がけましょう。

　しかし、人間どうしてもまちがうことはあります。そこで、Gmailで返信時のデフォルト動作を「全員に返信」に設定しましょう。

　Gmailの設定画面の「全般」タブで「返信時のデフォルト動作」という項目を「全員に返信」にしておけば、返信動作はすべて「全員に返信」になります。メールの相手が1人のときでも、この設定のままで問題ありません。

「全員に返信」の設定

だれがメールに参加しているか確認して、誤爆を避ける

　ToやCcでメールのやりとりを重ねていくとき、何日にも渡ってコミュニケーションが続くと、だれがその流れに参加しているのか段々とわからなくなってきます。「読んでいないと思った人が読んでいた」というのはまだいいほうで、「読んでいると思っていたはずの人が参加していなかった」

場合のほうが問題は大きいでしょう。

　関係者全員に話がとおっていると思っていたら、とおっていなくて、あらためて確認が必要になったり、場合によっては仕切り直しが必要になることもあります。あとから話を聞かされた人も、全体を把握するのに苦労することでしょう。

　また、メールに返信するときも、だれが読んでいるのかを知っておかないと、うっかりメールの会話に入っている人の批判を書いてしまって、気まずくなってしまう危険もあります。

　GmailはTo欄やCc欄にたくさんの人が含まれていると、代表となる1、2名しか表示せず、残りは省略してしまいます。しかし、「送受信者一覧」機能を設定すれば、すべての宛先を見やすく一覧することができます。最近はデフォルトで選択されているようですが、設定メニューの「全般」タブの「送受信者一覧」で、「送受信者一覧を表示」が選択されているか確認してみてください。

　「送受信者一覧」が設定されていると、スレッドの右側に「送受信者一覧」というリンクが表示されます。これをクリックすると、現在のスレッドの送受信者一覧が表示されます。

　送信者一覧から1人の名前を選んでクリックすると、その名前だけに絞り込んで表示され、そこから「連絡先」に追加したり、その人にだけメールを送ったりすることもできます。

よく使う文面はひな形を作って再利用

　メールを送るとき、何度も使う定型的な文面があります。同じ文面を何度も打ち直すのは時間のムダです。

　Gmailに慣れてくると、過去の文面を検索して再利用することもできますが、かんたんに見つからず、時間をムダにしてしまうこともあります。何度も使うことがわかっているなら、Evernoteのノートに「メールテンプレ」などとタグを付けて保存しておくのも1つの方法です。

　また、Gmailの設定画面の「Labs」タブには、「返信定型文」という機能

が用意されています。これを有効にしておくと、Gmailに定型文を保存して、メール作成時に再利用できます。使い方は以下のとおりです。

【定型文の新規作成】
❶ 通常の手順で「作成」を選び、メールの本文を入力する。
❷ 入力画面の右下角の「▼」マークをクリックして、メニューを表示する。
❸ 「返信定型文」をクリックする。
❹ 「返信定型文を作成…」をクリックする。
❺ 「返信定型文に名前を付けてください」と表示されるので、適当な名前を付ける。

破棄するには、入力画面の右下にあるゴミ箱をクリックします。

【定型文の挿入】
❶ 「作成」をクリックして、メール本文の作成を開始する。
❷ 入力画面の右下角の「▼」マークをクリックして、メニューを表示する。
❸ 「返信定型文」をクリックする。
❹ 「挿入」の下に並んだ返信定型文の一覧から、必要なものをクリックする。
❺ 選んだ定型文が、メールのカーソル位置に挿入される。

【定型文の修正】
❶ 上記の挿入手順の❶～❺を行う。
❷ 定型文の内容を修正する。
❸ 入力画面の右下角の「▼」マークから、「返信定型文」を呼び出す。
❹ 「保存」の下に並んだ返信定型文の一覧から、更新するものをクリックする。

リンクからGmailを起動できるようにする

　Webサイトで「問い合わせ」というリンクをクリックすると、メールアプリが起動して、宛先欄に自動的に問い合わせメールアドレスが入ること

があります。これは「mailto:」と呼ばれる仕組みですが、Gmailを使っていると、mailto:のときだけ別のメールアプリが立ち上がってしまいます。これは面倒ですし、メール環境は1つに統一したいものです。

そこで、mailto:のときもGmailから送信できるように設定しておきましょう。

❶ **ChromeでGmailを開くと、URL欄の右端にあるブックマーク用の☆アイコンの左隣に、菱形を重ねたアイコンが表示される。**

❷ **上記の菱形を重ねたアイコンをクリックすると、以下が表示される。**

すべてのメールリンクをmail.gmail.comで開くようにしますか？

❸ **ラジオボタンで「許可」をチェックして、「完了」をクリックする。**

以上で、mailto:のリンクをクリックしたときも、Gmaiのメール作成画面が開くようになります。

mailto:の設定

連絡先を整理して
送信のミスを最小限にする

　メールを送信するときに、「あの人のアドレスは何だっけ？」と迷い、過去のメールを検索して、そこからメアドをコピペしたり、過去のメールから関係ない案件について返信で送ってしまってはいませんか？
　最近のメールソフトは、名前を途中まで入力するとメールアドレスまで自動補完してくれる便利な機能があるので、関係ないメールから返信することは減ったかもしれません。しかし、宛先の補完機能を使っても、「同姓の人が複数いて、どちらに送ればいいのか迷ってしまう」ということもあります。
　また、複数の人にメールで同報しなければいけないときに、宛先のリストアップに時間がかかったり、宛先に抜け漏れが生じることも避けたいものです。

「メールアドレス」の落とし穴とは

　Gmailには、送り先のメールアドレスその他を管理する「連絡先」というアドレス帳機能があります。意識的に連絡先を使わなくても、Gmailはメールを送ったアドレスを自動的に連絡先に登録し、次に送るときには、自動的に連絡先を検索してTo欄やCc欄、Bcc欄で自動補完を行ってくれます。
　この自動登録＆自動補完機能があまりに便利なので、筆者は一時期名刺やメールアドレスの管理を怠ってしまいました。しかし、それが原因で、転職の時にひどく苦労したこともあります。
　通常は、To欄やCc欄に宛名の一部を入れると候補が表示されて、そこから目的の名前を選べば、正しいメールアドレスが入力されます。しかし、

「A社の山本さんにメールを送りたくて、「山本」と入力したが、表示される候補はB社やC社の山本さんで、A社の山本さんは表示されない」

というケースもあります。

　以前、A社の山本さんとメールのやりとりをしているのに、なぜ自動補完されないのか？
　それは、A社の山本さんはメールアドレスには漢字の姓名が含まれていなかったからです。
　私たちが普段「メールアドレス」というときは、個人アカウントとドメイン名を「@」でつないだ、以下のような形式を指します。

negishi@zubapita.co.jp

　しかし、GmailやOutlookなどで、自分の氏名を設定してからメールを送ると、以下のように設定された氏名も「送り主のメールアドレスの一部」として送られます。

根岸智幸 <negishi@zubapita.co.jp>

　Gmailは、この形式でメールを受け取ると、返信するときに、自動的に氏名の部分も一緒に連絡先に登録します。To欄に氏名で入力すると自動補完されるのは、このメールアドレスに付随している氏名を検索しているのです。
　しかし、だれもが自分の名前を漢字で登録しているとは限りません。海外とメールをする機会のある人は、ローマ字で登録している場合があります。「面倒なので、氏名を登録していない」という場合もあります。同様に、Cc欄に入っているメールアドレスにも氏名が設定されていないことがあります。
　これらのメールに返信した場合、氏名のないメールアドレスだけが登録され、あとで入力するときは氏名では自動補完されません。
　自動補完されていないことに気がつかず、誤った候補の中から同姓の別の人を選んで送ってしまう、というミスもありえるので、危険です。

なお、会社でGmailを導入している場合、同じ会社の人のメールアドレスは、連絡先に登録しなくても自動補完されます。

連絡先を整理するには

　上記のような理由で、Gmailの「連絡先」はきちんと整理しておきましょう。手順は以下のとおりです。

❶ 左上の「Gmail」の右の下向き▼をクリックするとプルダウンメニューが現れるので、そこから「連絡先」を選択する。
❷ メールの宛先欄に並んだ名前やメールアドレスの上にマウスカーソルを置くと、小さなウインドウがポップアップする。
❸ そのウィンドウの下に「連絡先に追加」をクリックすると、連絡先の登録画面になる。
❹ 氏名や会社名など、あとでどんな人か判別するのに必要な情報を入力しておく。

よく連絡する相手は連絡先の「グループ」でまとめておこう

　連絡する相手が3、4人くらいまでだったら、To欄やCc欄で問題ありません。しかし、以下のような場合は、毎回手作業で宛先を設定していると時間がかかりすぎたり、ミスの原因になったりします。

・送り先が5、6人を超える場合
・送り先が複数の部署や会社にまたがっている場合

　1回だけの作業なら確認しながら送信するしかありませんが、定期的な作業の場合は、慣れるに従ってミスが起こりやすくなります。月に1回など、送るスパンが長くなると、送る相手を思い出すだけで時間がかかってムダです。

そういうときは、Gmailの連絡先にある「グループ」機能を使いましょう。手順は以下のとおりです。

❶ Gmailの左上の「Gmail」の右脇にある下向き三角をクリックして、「連絡先」を選ぶ。
❷ グループに入れたい人の左脇のチェックボックスにチェックを入れる。
❸ ツールバーにグループボタンが表示されるのでクリックし、「新規作成」をクリックする。
❹ グループ名を入れて、「OK」をクリックする。
❺ 再度、グループボタンをクリックして、グループが作成されて選択した人たちがグループに所属していることを確認する。

　以上で、グループの作成は完了です。グループへの追加や削除は、対象者をチェックしてグループボタンを押し、グループの一覧から追加したいグループはチェックを入れ、外したいグループはチェックを外します。最後に「適用」をクリックすれば、反映されます。
　グループは、会社名や組織名で分類するよりも、「営業会議」とか「開発グループ」といった大きめの仕事の単位で作っておくと便利です。
　1人を複数のグループに割り当てることもできます。たとえば、1人の同僚を、仕事のグループと趣味のグループの両方に割り当てることができるのです。
　なお、個人向けのGmailでは最近「連絡先」の機能がリニューアルされました。組織版のGmail（Google Apps）は執筆時点では旧バージョンのままですが、いずれ変更されるでしょう。図には両方の流れを掲載しておきます。

連絡先のグループへの分類

個人版Gmail
(新バージョン)
の場合

組織版Gmail
(旧バージョン)
の場合

第3章
メールを整理してミスやストレスをなくす

連絡先で作成したグループは、Gmailの宛先欄で通常のメールアドレスと同じように使用できます。名称を途中まで入力すると、自動補完で候補も表示されます。

　宛先欄でグループ名を確定すると、グループに含まれるすべての宛先に変換されます。

写真やイラストなどの画像を送る時のマナーをおさえる

画像をWordやExcel、PowerPointに貼り付けて送るのはまちがったマナー

　写真やイラストなどの画像をメールで送るとき、どうしていますか？
　画像を送るときに、わざわざWordやExcel、PowerPointに貼り付けてから送る人がいますが、これはまちがったマナーです。画像を送るときは、メールに直接添付するようにしましょう。
　筆者が昔、Webページの受託制作の仕事をしたとき、ある不動産屋の担当者が、写真をExcelに貼り付けて送ってきました。しかし、よく見ると、写真の縦横比がおかしいのです。Excelに貼り付けた後、誤って縦横比を変えてしまったのでしょう。一度縦横比を変えてしまった写真を、あとから正確に戻すのは不可能です。しかも、オリジナルの写真データは捨ててしまったというのです。そのときは正確性を問われなかったので、それらしく修正して済ませましたが、そうはいかない場合もあるでしょう。
　また、複数の写真を1つのPDF書類にして送ってきたという例もあります。受け取った担当者は、PDFから写真を取り出すことができなくて、途方に暮れていました。
　写真をExcelに貼り付けたりPDFにしたりという、相手の手間を増やすだけのムダな行動の根本には、包装や梱包にこだわる日本人の習慣がありそうです。紙の資料を渡すときには封筒に入れ、さらに持ち歩くための紙袋まで付けるように、データを梱包しようとして、ムダなどころか迷惑なことをしてしまうのです。

コンピュータのデータは生のままがベスト

　コンピュータでは、なるべく素の生データを渡すべきです。仕事で写真

や画像を送る場合、最終的な目的はその写真をプレゼンのスライドやWebページに貼り込んで使用することです。スライドやWebの制作者は、最終的な仕上がりの質を上げるために、なるべく質の高い画像を必要としています。画像を送る側がやるべきことは、持っている画像に手を加えずにそのまま送ることです。

画像をWordやExcelやPowerPointなどに貼り付けてしまうと、その時点で画像に変化が生じてしまいます。そこから画像を取り出しても、もう元の画像ではないのです。

また、WordやExcelに貼り付けることは、時間のムダでもあります。

1. 送る側がWordを起動して文章を作り、画像を貼り付けて保存する。
2. 受け取った側もWordを起動して、添付された文章を開き、画像を保存する。

Wordの起動時間を考えると、この2つの作業だけで、5分くらいすぐに過ぎます。また、貴重で有限な脳の注意力も消費します。この2つの消費に対しては、徹底的にケチになりましょう。

「添付」と「追加」を使い分ける

Gmailで画像を添付するときに、少し気をつけるべきことがあります。メールで画像を送るのには2つの方法があるのですが、やり方によっては受け取る側が画像を取り出せないことがあるのです。

・添付
・挿入（追加）
　→Wordで文中に画像を挿入するように、メールに画像を埋め込む方法

メールで画像を送るのに、「ファイルを添付」と「（本文内に）画像を追加」の2種類があるのはなぜでしょう？

「ファイルを添付」は、相手にメールを使ってファイルを送るのに使います。画像だけでなく、WordやExcelなどのOffice文書も送れます。受け取った相手は、添付ファイルを自分のパソコンにダウンロードして使うことができます。

「画像を追加」は、メールの本文内に画像を表示するためのものです。文章だけでは伝わりにくい説明も、写真や図を加えることでわかりやすくできます。本文内に表示された画像は、基本的にはダウンロードできません。相手がGmailのようなWebメールを使っている場合は、Webブラウザの画像をダウンロードする機能で取り出せます。しかし、Outlookのようなデスクトップのメールアプリを使っている場合は画像を取り出せないことが多いのです。

相手に「画像ファイルを送る」ことが目的なら、「添付」を利用しましょう。

添付で画像を送るには

添付で画像を送るには、以下のようにします。

❶ **Gmailのメッセージ作成画面の下にあるクリップアイコンをクリックする。**

❷ ファイル選択のダイアログが表示される。

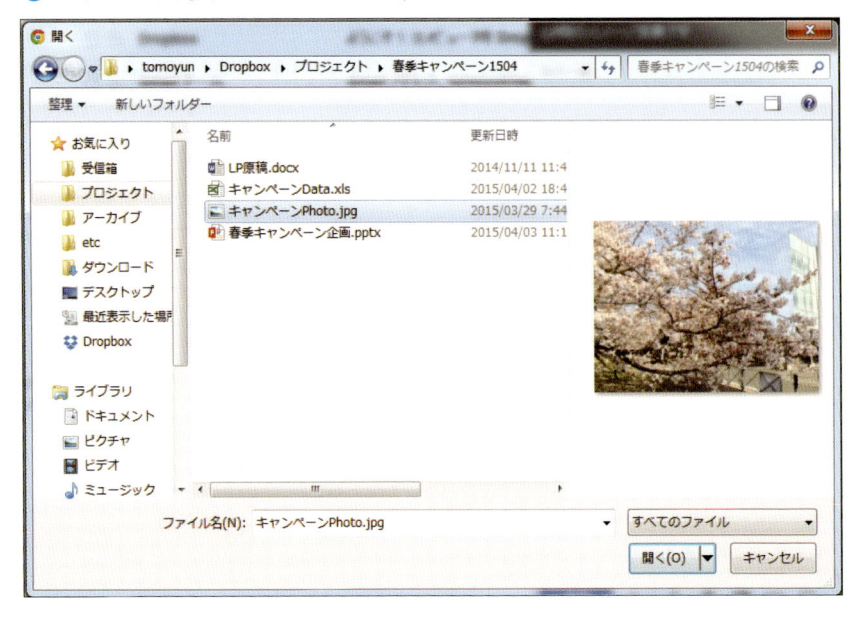

❸ **画像を選択するとアップロードされ、メールの下部に添付したファイル名が並ぶ。**

　ファイルを選択するときに Shift キーを押しながらクリックすることで、複数のファイルを同時に添付することができます。

挿入（追加）で画像を埋め込むには

挿入で画像を埋め込むには、以下のようにします。

❶ メール作成画面のカメラアイコンをクリックすると、「写真をアップロード」という画面が表示される。

❷「アップロードする写真を選択」というボタンを押すと、ファイル選択のダイアログが表示される。

❸ 画像ファイルを選択するとアップロードされて、ダイアログ内に縮小された画像のプレビューが表示される。

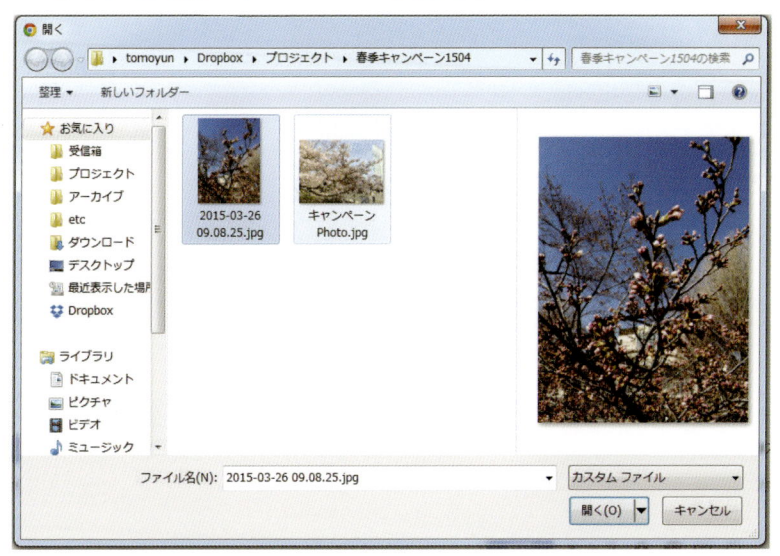

❹ 画像選択が終わったら「OK」を押すと、メールの本文内に画像が表示される。

　ファイル選択のダイアログが面倒な場合は、パソコンのフォルダから直接ドラッグ＆ドロップで本文内に画像を挿入することもできます。

添付で送るべき文章と、送るべきでない文章をきちんと区別する

短い文章を添付ファイルにして送るのはナンセンス

　画像をメールで送るときは、添付するしか選択肢がありません。では、文章を送るときはどうでしょうか？
　しっかりと書式が決まっている議事録やイベントの案内状などなら、Wordなどで作成した文書ファイルを添付して送るしかありません。しかし時として、以下のようにかんたんな連絡文や説明文など、短く書式のない文章を送るときもあります。

　本日は、雪による交通マヒ等が予想されます。
　上司に相談のうえ帰宅時間を判断してください。
　休日と夜間の入館については、
　各部署に配布している警備会社のカードが必要になります。
　カードがない場合は、インターホンで部屋番号を入力して呼び出し、
　在室者に解錠依頼をしてください。

　こういう文章を送るのに、わざわざWordで文章を作成して添付して送るのはナンセンスです。Wordを起動する手間を省くだけでなく、相手にすぐ読んでほしい文章は、メールを開いた瞬間に読める本文に直接書くべきでしょう。

送るべきテキストと地の文をきちんと分ける

　では、「協同提出するレポートに掲載するので、コメントをください」という依頼をもらったとしたら、どうするべきでしょうか？
　こういうときはWord文書で添付してもいいのですが、いちいちWordを

立ち上げる手間を省くために、メール本文に書いて送ったほうがスマートに思えます。ただ、原稿とメールの地の文をまちがわれないように、以下のように本文内に明確な区分けを入れたほうがいいでしょう。

――――――――――ここから原稿
今回の現地市場調査は、各部多忙な中で行われ、混乱もありました。しかし、対象マーケットのリアルな声に直に接することができたのは大きな成果だったと思います。

営業2課 山田一郎
――――――――――ここまで原稿

　できる限りの省力化を図りながら、相手が誤解したりミスをする可能性を排除していく気配りを忘れないようにしましょう。
　また、正確な字数を数えなければならない場合や、相手とやりとりして校正を入れる必要がある場合、図を入れてわかりやすくしたい場合などは、Wordを使うべきでしょう。

長いURLは短縮して送る

URLをメールの本文に貼るとうまく表示されないことが

　メールで情報を送るときに、テキストや画像のほかに、WebのリンクアドレS（URL）を本文内に書いて送るというやり方もあります。今のメール受信ソフトは、本文内にURLを書き込むと、その部分を自動的にリンクとして表示してくれます。そのURLをクリックするだけで、そのWebページが開きます。

　これを利用して、以下のように、URLをメールの本文内に貼るのが当たり前になりました。

・商品について伝えたいとき　→　Amazonや楽天の各商品ページのURL
・場所を知らせたいとき　→　Google Mapsの各地点のURL
　（お店の情報なら、ぐるなびや食べログのURL）

　ただ、Amazonの商品ページやGoogle Mapsの各地点のURLはとても長くて、受け取る側のメール環境によっては、きちんとリンクとして表示されないことがあります。

　そんなときに便利なのが、短縮URLです。短縮URLとは、長いURLを20文字程度の短いURLで代用してくれるサービスです。

bit.lyのWebでURLを短縮する

　短縮URLのサービスは複数ありますが、最も代表的なのがbit.lyです。以下の手順でかんたんに利用できます。

❶ Webブラウザでhttp://bit.ly/にアクセスする。
❷「Paste a link to shorten it」と書いてある欄に、短縮したいURLをペーストする。

❸ 自動的にURLが短縮されて表示される。

❹「Copy」ボタンをクリックして、メールの本文などにペーストする。

Chromeの拡張機能でbit.lyのURL短縮をもっと便利に

短縮URLは短いので取り扱いやすいのですが、短縮するたびに以下のような手順を踏まなければなりません。

1. WebブラウザのURL欄で長いURLをコピーする。
2. bit.lyなどのWebサイトにアクセスする。

3. 長いURLを貼り込む。
4. 短縮ボタンをクリックする。
5. 短縮URLをコピーする。

慣れれば難しい作業ではありませんが、ちょっと面倒です。
そこでbit.lyが提供しているChrome用の拡張機能を利用しましょう。これをインストールすれば、URLの短縮を2クリックで行えます。

❶ ツールバーにあるbit.ly拡張機能のアイコンをクリックする。

❷「Copy Bitlink」というボタンをクリックする。

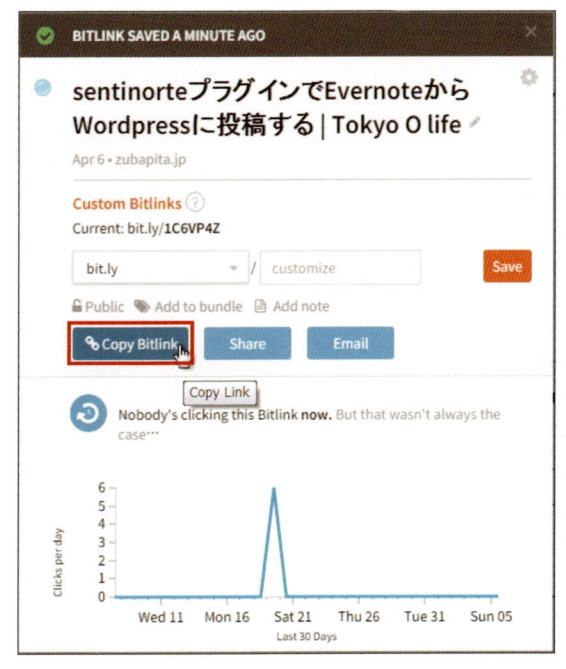

たったこれだけで、クリップボードに短縮されたURLが格納されます。
あとは、メールなりSNSなり、好きな場所に貼り込んでください。

column

Googleの短縮URLサービスを利用するには

　bit.lyのほかに、Googleも独自の短縮URLサービスを提供しています。

https://goo.gl/

　利用するには、まずURL欄に短縮したいURLを入れます。
　そして、「Shorten URL」というボタンをクリックすると、画面右側に短縮されたURLが表示されます。それをコピーして、メール本文などにペーストしてください。

Googleの短縮URLサービス

添付のストレスを最小限にするには

ファイルの数が多いときは圧縮ファイルにまとめて送る

　メールで複数のファイルを送るとき、3つくらいなら、個別に添付してもいいでしょう。でも、それ以上添付ファイルが増えると、以下のような問題が出てきます。

・送られるファイルの数が把握しにくくなる
・添付し忘れや受け取り忘れが発生しやすくなる
・そもそも、添付や取り出しの手間が面倒

　これらを解決するために、複数のファイルを1つの圧縮ファイルにまとめてから送りましょう。
　以下のようにすると、圧縮したフォルダ名と同じ名前の圧縮ファイルが作成されます（Windowsの場合）。

❶ まとめたいファイルを1つのフォルダに入れる。
❷ そのフォルダの上で右クリックする。
❸ メニューから「送る」―「圧縮（zip形式フォルダー」を選ぶ。

　受け取った圧縮ファイルを展開（＝復元）する方法は以下のとおりです。

❶ 展開したいファイルを右クリックする。
❷ メニューから「すべて展開」を選ぶ。
❸ 展開先のフォルダを選ぶ。

　選んだフォルダの下に新しいフォルダが作成され、その中に圧縮されて

いたファイルが展開されます。

　圧縮ファイルにはいろいろな種類があるのですが、現在は、ZIPファイル（拡張子は「.zip」）と呼ばれる形式が標準となっています。WindowsでもMacでも、標準の圧縮機能を使うと、ZIPファイルが作られます。Windowsで作成したZIPファイルはMacで復元できますし、その逆も可能です。

複数の添付ファイルはまとめてダウンロード

　相手がアーカイブを知らなかったり、面倒がって多数の添付ファイルをバラバラに添付してくることもあります。

　そういうときのために、Gmailには添付ファイルをまとめてダウンロードする機能があります。これを使えば、添付ファイルを受け取り損ねることもなくなります。

　添付ファイルが付いたメールをGmailで受け取ると、メールの一番下に添付ファイルの一覧が並びます。この並びの右肩に、2つのアイコンがあることに注目してください。左の下向き矢印が「すべての添付ファイルをまとめてダウンロード」のボタンです。もう1つは「すべてをドライブに保存」のボタンで、Googleドライブに添付ファイルを保存できます。

添付ファイルをまとめてダウンロードするためのボタン

　Dropboxをメインのクラウドストレージとして使っていて、かつ、自分のパソコンで添付ファイルを受け取った場合は、「すべての添付ファイルをまとめてダウンロード」を使ってHDD（＝Dropbox）上の受信箱フォルダなどにダウンロードすればいいでしょう。

　メインのクラウドストレージがGoogleドライブの場合は「すべてをドライブに保存」を使います。ただ、DropboxをメインDで使っているのにGoogleドライブに保存したりすると、ファイルがあちこちに存在することになって混乱の原因になるので、注意しましょう。

添付忘れをチェックするには

　ファイルをメールに添付して送るときに最もありがちなミスは、添付忘れです。「ファイルを添付して送ります」と書いたのに、肝心のファイルを

送り忘れたというのは、だれでも覚えのあることだと思います。
　これを防ぐ方法の1つに、Gmailの添付忘れチェックの機能があります。
　これはメール本文内に「添付」という言葉があるのに添付ファイルがない場合、自動的に警告を表示してくれる機能です。以前は、設定メニューの「Labs」の実験的機能として提供されていましたが、現在では標準の機能として、何も設定を行わなくてもチェックを行ってくれます。
　ただ、この機能を働かせるためには、本文内に「添付」というキーワードがあることが必須となります。ですから、Gmailで添付ファイルを送るときには、必ず「添付して送ります」のひと言を添えるようにしましょう。

まちがって送信したメールを取り消せる

　添付忘れなどのミスは、送信ボタンを押した直後に「あっ」と気がつくことがよくあります。しかし、メールというのは送信ボタンを押した直後に配信されてしまうのが普通ですから、気がついても取り返しはつきません。
　しかし、Gmailの場合は、設定メニューの「Labs」の「送信取り消し」を有効にすることで、送信後指定の秒数の間、取り消すことができます。「送信取り消し」が有効になっていると、設定メニューの「全般」から、送信を取り消しできる秒数を5秒から30秒の間で選択できます。これは、実際には本当に送信するのを遅延させているだけのようですが、なかなか便利で賢い機能です。
　これをオンにしておけば、添付忘れだけでなく、

「送り先をまちがえた」
「Ccにアドレスを入れ忘れた」
「説明が足りないことに気がついた」

といったときにもやり直すことができます。
　なお、送信の取り消し可能秒数は、デフォルトの10秒くらいがちょうどいいようです。

大きなファイルや更新頻度が高いファイルはクラウドで共有

添付ファイルが仕事のミスや混乱の原因になる

　ファイルをメールに添付して、仕事相手に送る。
　いつもなにげなくやっていることですが、これが仕事のミスや混乱の原因になることがよくあります。
　仕事の進め方が下手な人の典型的な添付ファイルの送り方は、以下のようなものです。

・同じファイルを、次から次へと変更を加えて更新し、そのたびに添付ファイルで送りつける。
・1つの仕事に関連するファイルが複数あるとき、複数回の添付メールに分けて送りつける。

　こんな添付ファイルの送り方をするのは、スケジュールが遅れていたり、仕事の全体像が明らかになっていなくて、「とりあえず、前に進めたい」とか「進捗具合を共有したい」という気持ちがあるからでしょう。
　しかし、デジタルであろうとアナログであろうと、仕事において「ちょっとずつ出し」は悪手です。
　前者の「大きな添付ファイル」がいけない理由は、受け取る側の負担が大きいからです。だれもがいつでも高速なネット接続を利用しているとは限りません。通信状態が悪いモバイル環境で数百MB、数GBものファイルを受け取ろうとすると、ひどく時間がかかったり、ときには途中で接続が切れてやり直しになったりします。また、そういうことが続くと、忙しい人ほど、添付ファイルをチェックするのが億劫になり、後回しにするようになります。つまり、大きなファイルを平然と送りつける人の連絡は、敬遠され、面倒くさがられるようになりかねないのです。

後者の同じファイルを頻繁に更新することは、さらに悪い状況を引き起こします。メールをチェックし終わらないうちに新しいファイルが送られてくると、どれが最新のファイルがわかりにくくなります。もし、複数の関係者がいる場合、

「AさんはVer.1.09を見ながら作業していたのに、BさんはVer.1.23を基準にして進めてしまい、納期が迫ってから齟齬が発覚して、やり直しになる」

なんてことが起きてしまいます。
　では、どうすればスマートにファイルを送れるのでしょうか？
　答えは、クラウドにファイルをおいて、そのファイルのダウンロードURLだけをメールで送ることです。

Googleドライブでは公開の範囲をきちんと制限する

　Gmailでは、以下の2つの方法でGoogleドライブのファイルを共有することができます。

・添付ファイルとして送る
・Googleドライブにアップロードしたファイルのリンクを送る

　Googleドライブでファイルを公開するときは、以下の3つの公開レベルがあります。

・ウェブ上で一般公開（完全公開）
・リンクを知っている全員（公開だがWeb検索にヒットしない）
・特定のユーザー（Googleアカウントでログインしないとファイルを見られない）

　仕事でファイルを送るときは、最後の特定ユーザーへの公開が基本で

す。相手がGoogleアカウントを持っていなくて、かつアカウントを取ってもらうのが難しい場合のみ、「リンクを知っている全員」を選択します。その場合は、相手がファイルを確認したら、ファイルを削除するか、公開を中止しましょう。

　ExcelのファイルやPDF、画像などの一般的なファイルは、共有が「リンクを知っている全員」か「ウェブ上で一般公開」になっていれば、添付ファイルとして送れます。ただ、ドライブを使用するメリットはなくなります。参考までに、添付ファイルとして送るには、以下のいずれかの操作をしてください。

　　・メールの作成画面にファイルをドラッグ＆ドロップする
　　・「ドライブを使用してファイルを挿入」のアイコンをクリックして、
　　　ファイル選択画面でファイルを選ぶ

「ドライブを使用してファイルを挿入」のアイコンをクリック

「ドライブのファイルが受信者と共有されていません」という警告が出る場合は、「共有して送信」をクリックしてください。

警告が出る場合は「共有して送信」をクリック

Googleドライブ上のファイルを特定のユーザーと共有する

　送りたいファイルがGoogleドライブ上にあるなら、メールの作成画面からファイルを選んで送るだけで、ダウンロード用のURLがメールの文面に挿入されます。

❶ アップロードしたファイルを右クリックして、「共有…」を選択する。

❷ 「他のユーザーと共有」の画面が表示されたら、「ユーザー」欄に共有したい相手のメールアドレスを入力し、「送信」をクリックする。

Googleドライブ上のファイルの共有設定を変更するには、以下のようにします。

❶ アップロードしたファイルを右クリックして、「共有…」を選択する。

❷「他のユーザーと共有」の画面が表示されたら、「詳細設定」をクリックする。

❸「アクセスできるユーザー」の「変更」をクリックする。

共有設定

共有リンク（共同編集者のみ利用可）

s://drive.google.com/file/d/0B2JNA_QG8DmacDhuU2FYMExBdm8/view?usp=sharing

リンクの共有方法：

アクセスできるユーザー

🔒 非公開 - 自分だけがアクセスできます　　　　　　　変更...

👤 根岸智幸（自分）tomoyun2015@gmail.com　　　　オーナー

招待：

名前かメールアドレスを入力...

編集者はユーザーの追加や権限の変更ができます。[変更]

完了

❹共有する方法を選び「保存」、続けて「完了」をクリックする。

　なお、Googleドキュメント、スプレッドシート、スライドの書類は、「ドライブのリンク」しか選べません。

Dropboxを使ってファイルを送る

　自分が作成したファイルがDropbox上にあるのならば、大きなファイルでもかんたんにダウンロード用URLを送ることができます。

❶ URLを送りたいファイル、もしくはフォルダの上で右クリックする。

❷ 表示されたメニューから「Dropbox リンクを共有」を選択する。

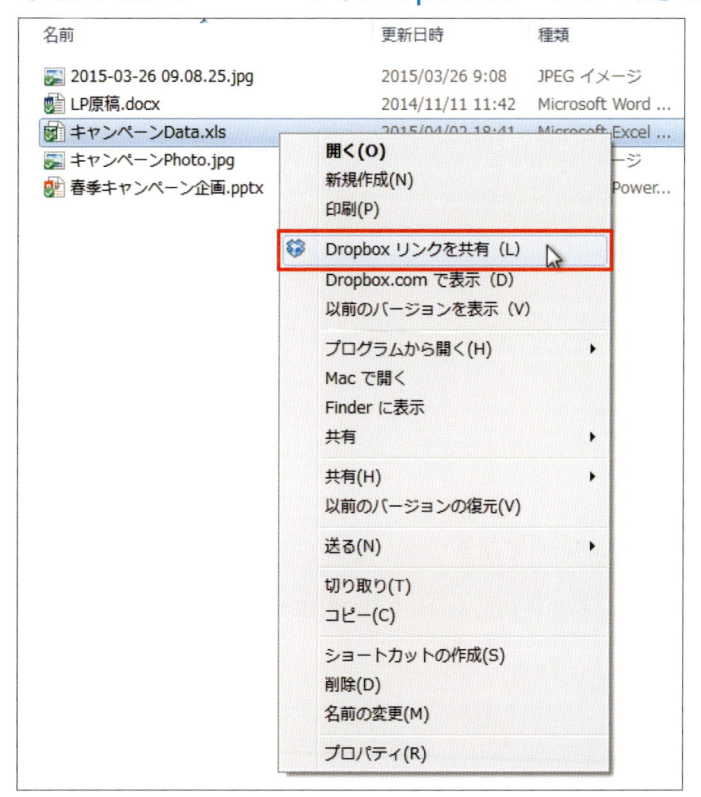

❸ メールの作成画面で右クリックして、「貼り付け」を選ぶ。

　これで、ファイルもしくはフォルダをダウンロードするためのURLがメール本文に貼り付けられます。
　メールを受け取った人がこのURLにアクセスすると、Dropboxのサイト上でフォルダやファイルが表示されて、自由にダウンロードすることができます。
　Dropboxで公開したURLにはパスワードによるアクセス制限がないため、だれでもダウンロードできてしまいます。それでは危険なので、相手

がファイルを受け取ったら、以下のようにしてファイル公開用のURLを削除してください。

❶ DropboxのWebにアクセスし、ログインする。
❷ 左側のメニューから「リンク」をクリックする。
❸ 共有中のリンクの一覧が表示される。
❹ 共有を解除したいファイルの右端の「X」アイコンをクリックする。

Dropboxユーザー同士でフォルダを共有する

　ファイルを送る相手もDropboxのユーザーである場合は、そのファイルが置いてあるフォルダごと共有できます。この仕組みは、共有リンクのURLを送る仕組みと違って、共有した相手しかフォルダの中を見られないので、より安全です。

　ただ、共有リンクのURLの場合はファイル単体でも共有できますが、Dropboxユーザーを指定しての共有はフォルダ単位にしか行えません。また、共有する相手のDropboxの登録メールアドレスを知っておく必要があります。相手がDropboxユーザーでない場合は、招待メールの受け取り時にDropboxのアカウントを登録してもらえば、フォルダを共有できます。

共有の手順は以下のとおりです。

❶ **共有したいフォルダを開き、フォルダ内の適当な場所で右クリックする。**

ここでは、フォルダ名が「春期キャンペーン1504」だとします。

❷ **表示されたメニューから「このフォルダを共有…」を選ぶ。**

❸ **操作をChromeに移すと、Dropboxのサイトで『「春期キャンペーン1504」を共有する』と表示される。**

❹ 入力欄に送る相手のメールアドレスを入れる。「メッセージを追加」の部分には、必要に応じて共有するフォルダの説明などを書き込む。

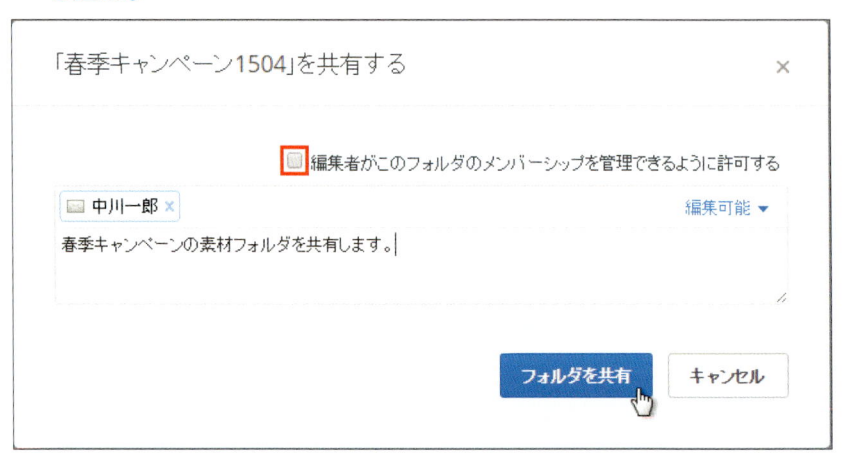

❺「編集者がこのフォルダのメンバーシップを管理できるように許可する」のチェックボックスを外す。

　これがチェックされていると、共有相手がさらに別の人に対してこのフォルダを公開できます。これは危険な側面もあるので、とりあえず、チェックは外しておきましょう。

❻ 最後に「フォルダを共有」をクリックすると、「共有フォルダ「春期キャンペーン1504」を作成しました」とメッセージが表示されて、相手にメールが送られる。

フォルダの共有に招待された相手には、「xxxxさんから「(フォルダ名)」の共有リクエストが届いています」というメールが届きます。

共有リクエストのメール

メールを開いて、「フォルダを表示」というボタンを押すと、相手がDropboxユーザーの場合はフォルダが共有され、フォルダの中身を見たり書き込んだりできます。

「フォルダを表示」ボタンを押すと共有される

共有を解除したいときは、以下のようにします。

❶ DropboxのWebへアクセスし、左メニューの「共有」をクリックする。

❷ 共有を解除したいフォルダの「オプション」をクリックする。

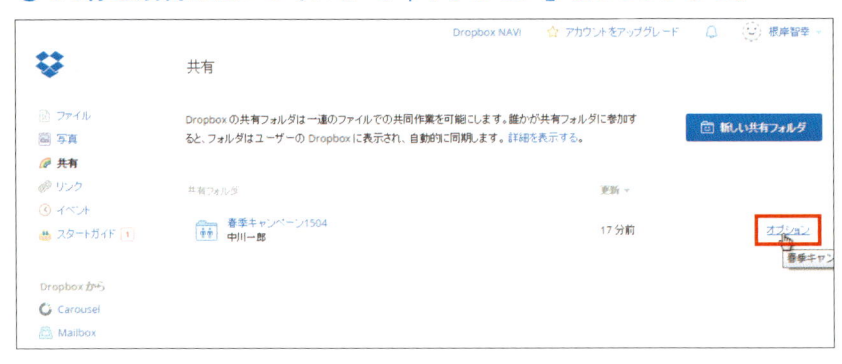

❸ 共有オプションの画面で「共有を解除する」をクリックする。

フォルダ共有に招待するときは必ず相手のアドレスを確認しよう

　相手がプライベートなメールアドレスでGoogleドライブやDropboxを利用していて、あなたが仕事（会社）のメールアドレスに対してフォルダの共有を招待してしまうと、相手がちょっと面倒なことになります。その場合、相手は仕事のメールアドレスで再度登録し直す必要があります。また、Dropboxの専用アプリは複数アカウントをサポートしていないため、相手はアカウントを切り替えなくてはなりません。

　相手を面倒な状態にするのは、進捗遅れやトラブルの原因になります。ですから、GoogleドライブやDropboxでフォルダを共有するときは、必ず相手に登録メールアドレスを聞いて招待するようにしましょう。

出先のパソコンでGmailを使うときの注意点

　GmailやGoogleカレンダーなどクラウドサービスの良いところは、ハードウェアやOSに縛られないことです。会社の自分のパソコンが手元にないときでも、Webにつながるパソコンがあれば、どこからでも自分の仕事環境に接続できます。

　いまは多くの人がスマホやタブレットを持っているので、パソコンがなくても、モバイル環境で用が済むことも多いでしょう。しかし、スマホやタブレットが電池切れや故障、電波の都合などで使えないこともあります。また、仕事によっては大きな画面やフルキーボードが必要なこともあるでしょう。そういうとき、クラウドサービスなら出先でパソコンを借りて仕事をすることも可能です。最近は、ネットとパソコンのあるビジネスルームを備えたホテルもあります。繁華街には、インターネットカフェやパソコンを常備した漫画喫茶もあります。そういった公共の場所でパソコンを借りて仕事をしたいときもあるでしょう。

不特定多数の人が利用できる環境に潜むリスクとは

　ただ、インターネットカフェやホテルのビジネスルームなど、不特定多数の人が利用できる環境でクラウドサービスの自分のアカウントを利用するのは、リスキーなことです。

　最大の脅威はキーロガーです。キーロガーとは、ユーザーのキー入力を密かに記録して盗み出すソフトウェアです。これをインターネットカフェに仕かけてネット銀行のIDとパスワードを盗み取り、1600万円を盗み出す事件が2003年3月に発生しました。近年も、SNSのアカウントの乗っ取りが頻繁に起こっていますが、キーロガーで盗まれたのが原因とする意見もあります。

　もう1つの問題は、Webブラウザです。Webブラウザには、ユーザーに

利便性を提供する目的で訪れたWebサイトの履歴を残したり、クラウドサービスにログインしたIDとパスワードを次回使えるように記憶する機能などがあります。これらは個人のコンピュータでは便利ですが、使ったあとそのまま残すと、ほかの人に情報を利用される危険があります。

どうしても使わなければならないときは

　公共の場所のパソコンは危険なので、クラウドサービスに自分のIDやパスワードを入力してログインするのは避けたほうが無難です。しかし、どうしても使わなければならないときは、以下の対策を利用しましょう。

1. 二段階認証を設定しておく

　二段階認証とは、普段利用していないWebブラウザからログインしようとしたとき、スマホに認証番号が送られてきて、その番号を入力しないとログインできない仕組みのことです。これを使えば、たとえIDとパスワードが盗まれても、認証用のスマホを盗まれなければログインできないので、安全性が増します。GmailなどのGoogleアカウント、Facebook、AppleのiCloudなどで利用できます。

　もっとも、自分のノートパソコンやスマホが使われてしまえば無効です。ノートパソコンやスマホにはしっかりパスワードや暗証番号のロックをかけておきましょう。

2. Webブラウザのプライベートブラウズ機能を使う

　ChromeやSafari、IE11などの最新のWebブラウザには、プライベートブラウズ機能というものがあって、Webブラウザを閉じると閲覧履歴や入力したID、パスワード、利用状態を記憶しているCookieなどを自動的に消去してくれます。

3. 自分で履歴を消去する

　もし、プライベートブラウズ機能がない古いWebブラウザを使わざるを

えないときは、自分で履歴やCookieを消去しましょう。
　消去の方法がわからない場合は、自分が使っているWebブラウザの名前とバージョンを調べてから、Googleで以下のキーワードなどで調べれば見つかると思います。

（Webブラウザ名）（バージョン番号）Cookie　履歴　消し方

【例】
「IE 8　Cookie　履歴　消し方」
「Safari　バージョン6　Cookie　履歴　消し方」

第4章

スケジュールを整理して使える時間を最大化する

手帳は使わず、
Googleカレンダーを使おう

「使える時間に対して、やりたいことと、やらなければいけないことがたくさんありすぎる……」
「何から手を付けるべきかと焦って、ミスしてしまう……」
「目の前の仕事を片づけていたら、忘れていた仕事の締め切りが突然きて慌てた……」

そんな経験はだれにでもあります。それを避けるには、スケジュールをきちんと整理して把握する必要があります。

Googleカレンダーを使う6つのメリット

スケジュールを入力・確認する手軽さだけで言えば、「紙の手帳を使うのがいい」と考える人もいるでしょう。しかし、スケジュールは手帳で管理するのではなく、Googleカレンダーで管理しましょう。Googleカレンダーには、手帳にはない利点がたくさんあるからです。

Googleカレンダー

- 予定の変更がかんたんにできる
- 1日にたくさんの予定が入っても、紙幅が足らなくなることがない
- 繰り返しの予定をかんたんに設定したり、修正できる
- 予定の期日・時刻が近づくと、メールやポップアップなどで通知してくれる
- 複数のパソコンとスマホから利用できる
- 関係者の間でスケジュールをかんたんに共有できる

　Googleカレンダーは、Googleが提供している予定管理サービスなので、Gmailを使用していれば自動的に利用できます。

予定の詳細や繰り返しイベントを設定する

　WebブラウザでGoogleカレンダーを開くと、デフォルトでは週間表示になっており、画面が縦に7日分が分割表示されています。時間は30分単位に区切られています。

　予定を入力したいときは、以下のようにします。

❶ 日時を選んで、予定を入力したい時間帯をマウスボタンを押しながらなぞる。
❷ 予定の名前などを入れるウィンドウが開く。
❸ 「タイトル」欄に予定の名前を入れ、「予定を作成」をクリックする。

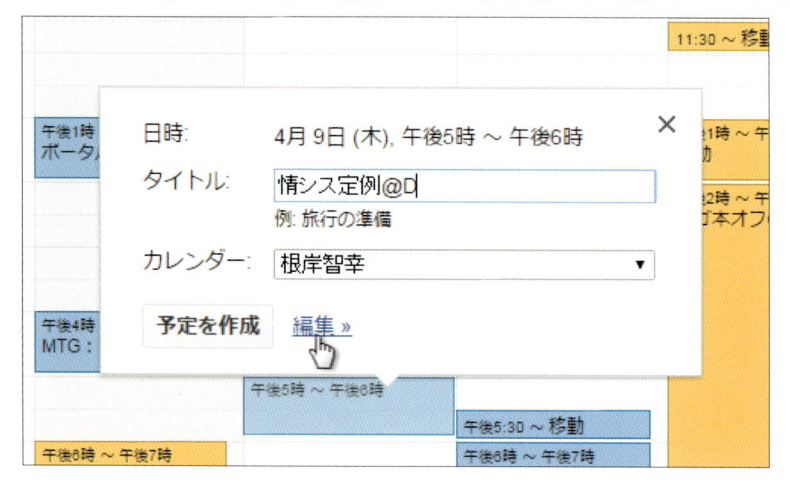

　これで、カレンダー上に新しい予定が表示されます。
　なお、この方法では、30分単位にしか予定を入力できません。より細かく時間を設定したい場合や、毎週、毎月の定期的な予定を入力したい場合は、設定を変えましょう。
　予定をクリックして、ウィンドウが開いたら「編集 ≫」をクリックすると、詳細設定の画面になり、以下のような設定ができます。

- 「いつから、いつまで」という日時を分単位で設定する
- 日付は決まっていても日時があいまいな予定を、「終日」というチェックボックスで設定する
- 「毎週水曜日」「毎月10日」「毎月第1月曜日」といった、繰り返しイベントを設定する
- 「場所」や「説明」を文章で入力する
- 日時が迫ったときの通知を設定する

詳細設定の画面

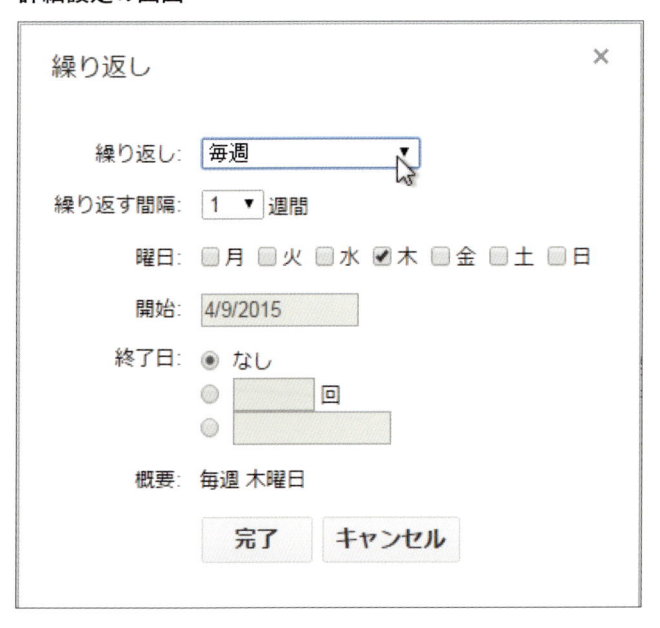

繰り返しの設定は「毎週火曜と木曜」など複雑な条件にも対応できます。

メールの通知は1日前、ポップアップは10分前に

　Googleカレンダーには、予定が近づくと知らせてくれる通知機能があります。通知を受け取る手段は、以下の2つです。

・メール　→　Gmailのアドレスにお知らせメールが届く
・ポップアップ　→　パソコンの画面上にお知らせが表示される

　ポップアップは、ほかの作業をしていても、画面の一番手前に表示されるので、パソコンで作業していれば、まずまちがいなく気がつきます。
　初期状態では、メールは10分前、ポップアップは30分前に通知されるようになっています。筆者の場合は、メールを1日前、ポップアップを10分前に変更しています。メールで1日前に予定を知らせてもらうことで準備期間を確保し、ポップアップで直前に知らせてもらうことで、ほかの作業に没入して、うっかり忘れることを避けようという考えからです。
　通知設定は予定ごとに変更できますが、毎回設定するのは面倒です。デフォルト設定を変えてしまいましょう。

❶ 設定画面の「カレンダー」タブを選択する。
❷ 通知を編集したいカレンダーの「通知を編集」をクリックする。

❸「デフォルトの通知方法」のポップアップの時間を「10分前」に設定する。
❹「通知を追加」をクリックして「メール」を追加し、「1日前」に設定する。

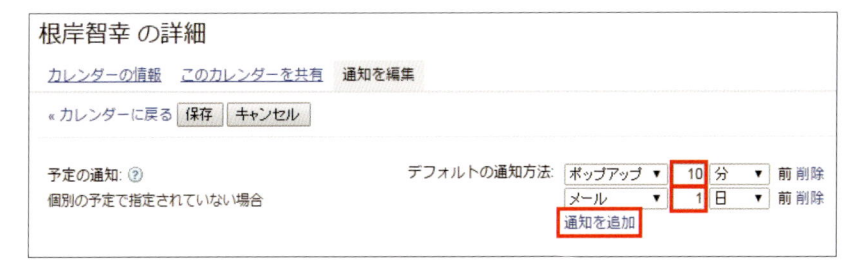

「場所」を制する者が
スケジュールを制する

予定の名前に「どこで」も含めよう

予定の情報には、以下の4つの情報が必要です。

・いつ
・何を
・だれと
・どこで

仮に「3月10日14時」というだけのメモを残しても、「何を」「だれと」「どこで」の情報がなければ、何の予定なのかさっぱりわかりません。

一方、Googleカレンダーで予定を管理する場合、月間表示でも週間表示でも、「いつ」「何を」は予定表の上で確認できます。しかし、「だれと」「どこで」については、詳細設定画面で入力するしかありません。

特に、「どこで」の情報は重要です。仕事においては、「何を」が決まれば「だれと」も自然と決まってきますが、「どこで」については、社外なのか社内なのか、社内ならどこの会議室か、社外ならどの駅のなんというビルか、など可能性が無数にあるからです。

しかし、場所を確認するために、いちいち予定の詳細画面を開くのは面倒です。そこで、予定の件名には場所の情報を入れましょう。

件名の後半に「@」で場所を入れて文字数を圧縮

件名に場所を入れるときは、なるべく文字数を少なくしたいです。場所の情報も含めて、件名の文字数は10文字～15文字くらいにしましょう。でないと、Googleカレンダーの表示が文字であふれて、視認性が下がるから

です。特に、スマホの小さい画面で確認するときは、文字数が多いと見づらくなります。

　筆者が予定を入力する場合は、件名を「だれと@どこで」もしくは「何を@どこで」と記述するようにしています。

社内の打ち合わせの場合　→　@の後ろを会議室名に
【例】開発部の定例会議を、社内の第1会議室で　→　開発部定例@1

打ち合わせの相手が1人である、もしくは報告相手が決まっている場合　→　その人の「名前@場所」とする
【例】同じ部署の鈴木さんと第2会議室でミーティング　→　鈴木さん@2

イベントに名前がついている場合　→　イベント名@場所
【例】渋谷で「スゴ本オフ」というイベント　→　スゴ本オフ@渋谷

外出の場合　→　外出先の名前@最寄り駅名
【例】幕張メッセで開催されるCEATECの取材　→　CEATEC@海浜幕張

予定の詳細情報に住所を入力してGoogle Mapsで地図を表示

　初めて行く外出先には、地図が必須となります。いまはスマホがあれば、いつでもGoogleマップによるナビゲーションで目的の場所にたどり着くことができます。ただ、忙しくて準備ができず、ギリギリの時間で移動しているときにスマホで住所を入力すると、ちょっと焦ってストレスを感じてしまいます。

　そうならないために、外出の予定をGoogleカレンダーに入力するときに、行き先の住所もいっしょに登録しておきましょう。Googleカレンダーで予定を入力するときに「編集」をクリックして詳細入力画面に行き、「場所」の欄に住所を入力するだけです。

「場所」の欄に住所を入力

以後、Googleカレンダーで予定をクリックすると、「地図」というリンクが表示されて、クリックするとGoogleマップで目的地が表示されます。

Googleマップで目的地が表示される

スマホでも、同様にGoogleカレンダーとGoogleマップを連携できます。

Androidの場合

Google純正のカレンダーアプリで「地図」をタップすると、Googleマップアプリで目的地が表示されます。

iPhoneやiPadの場合

Google提供の「Googleカレンダー」アプリやサードパーティ製の対応アプリで同様のことができます。

筆者が使っているのは「Snap Cal」というカレンダーアプリです。このアプリは、GoogleカレンダーとiOS／iCloudカレンダー、それにFacebookのカレンダーを同期して一度に表示できるのが特徴です。このアプリでも、Googleカレンダーで「場所」に設定された住所をGoogleマップで表示できます。

予定の管理は積極的に「公私混同」すべき

仕事とプライベートを分けるのは非効率的

「仕事とプライベートは切り分けなければならないもの」

　そんな価値観から、「公私混同」は良くないこととされています。しかし、予定の管理においては、むしろ積極的に公私混同をすべきだと思います。
　忙しいビジネスパーソンなら、週末や休日、早朝や深夜に仕事があっても不思議はありません。家族がいれば地域や学校の行事もサボってばかりはいられないでしょうし、友人や趣味の仲間との遊びのイベントも積極的に参加して世界を広げるべきです。
　日々、いろんなイベントがあるなかで、仕事とプライベートを分けるのは非効率的です。Googleカレンダーには、仕事とプライベートの両方の情報を入力してしまいましょう。そうすれば、仕事と家庭や趣味のイベントのダブルブッキングで困ることもなくなりますし、「来週の日曜日空いている？」と聞かれたときも、「あれ？　運動会はいつだったっけ？　ちょっと家に確認しないと」なんてこともなくなります。

複数カレンダーでプライベートと仕事を分ける

　ただ、1つのGoogleカレンダーに仕事とプライベートの両方の予定を管理していると、「同僚とスケジュールを調整するときに見られたくない」といった不都合が生じることもあります。そういうときは、Googleカレンダーの複数カレンダー機能を使いましょう。
　Googleカレンダーの左側には、「Myカレンダー」という表示があります。通常、ここには1つのカレンダーしかありませんが、「▼」をクリックしてメニューを表示し、「新しいカレンダーを作成する」から、別系統のカレン

紙面版 電脳会議 **一切無料**
DENNOUKAIGI

今が旬の情報を満載して
お送りします!

『電脳会議』は、年6回の不定期刊行情報誌です。A4判・16頁オールカラーで、弊社発行の新刊・近刊書籍・雑誌を紹介しています。この『電脳会議』の特徴は、単なる本の紹介だけでなく、著者と編集者が協力し、その本の重点や狙いをわかりやすく説明していることです。現在200号に迫っている、出版界で評判の情報誌です。

毎号、厳選ブックガイドもついてくる!!

『電脳会議』とは別に、1テーマごとにセレクトした優良図書を紹介するブックカタログ（A4判・4頁オールカラー）が2点同封されます。

電子書籍がご購読できます！

パソコンやタブレットで書籍を読もう！

電子書籍とは、パソコンやタブレットなどで読書をするために紙の書籍を電子化したものです。弊社直営の電子書籍販売サイト「Gihyo Digital Publishing」（https://gihyo.jp/dp）では、弊社が発行している出版物の多くを電子書籍として購入できます。

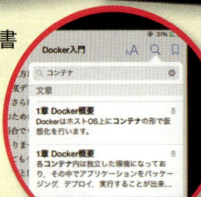

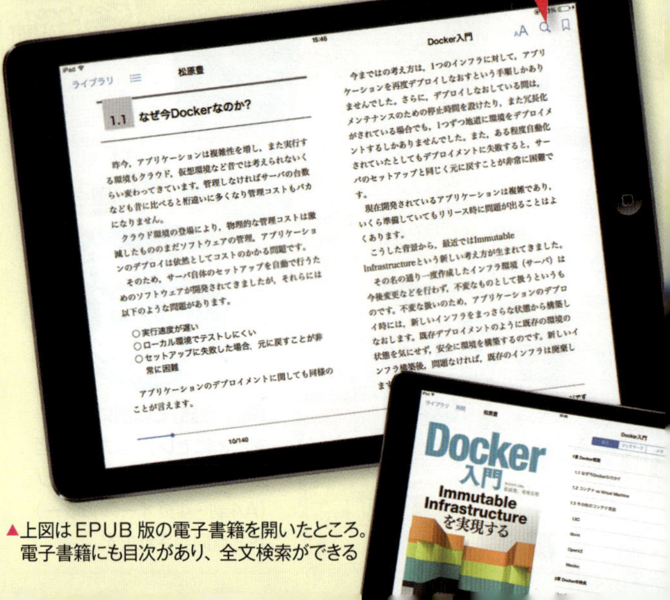

▲上図はEPUB版の電子書籍を開いたところ。電子書籍にも目次があり、全文検索ができる

ダーを作成できます。

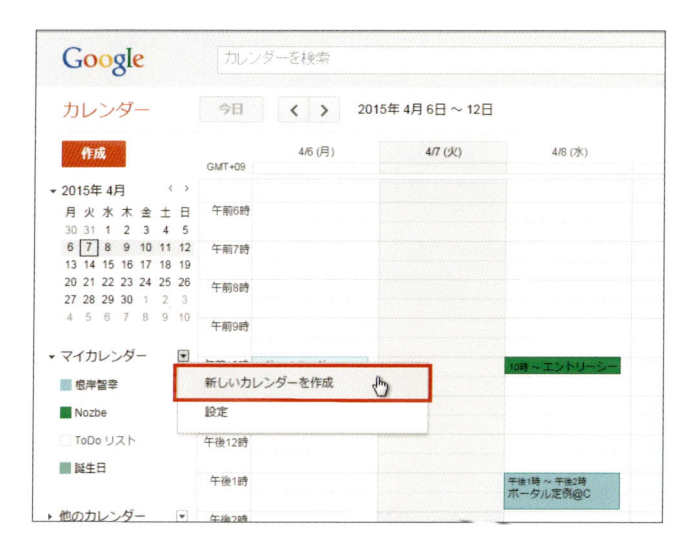

「新しいカレンダーを作成」の画面でカレンダー名を入力し、「カレンダーを作成」をクリックすると、新しいカレンダーが作成されます。

Googleカレンダー上では、メイン（仕事用）は水色、プライベートはオレンジなどと自動的に色分けして表示されるので、一覧表示でも違いが一目瞭然です（何色に設定されるかは、そのときによって異なるようです）。

　カレンダーの色を変えたいときは、左側のマイカレンダーの領域で変更したいカレンダーを選び、右側の「▼」をクリックして、メニューを表示し、色を選びます。

　また、同じメニューで「このカレンダーだけ表示」を選ぶことで、「仕事だけ表示する」「プライベートだけ表示する」という切り替えもかんたんにできます。

162

習慣やルーチン、移動時間や作業予定も埋めておく

予定を埋めると「使える時間が」見えてくる

　Googleカレンダーに予定を入れておくべきなのは、仕事の会議やプライベートのイベントだけではありません。普段は意識していない、しかし確実に発生する「予定」も入力しておきましょう

・起床、朝食、就寝などの日々の生活に要する時間
・日報や週報、定例ミーティングなど仕事で行っているルーチンワーク
・プライベートな遊びや用事の予定

さらに、以下の時間もしっかりと確保しておきましょう。

・外出前後の移動時間
・期限までにやらなくてはいけない仕事の作業時間

　こうして予定を埋めていくと、1日の中で自由に使える時間や空き時間がとても限られていることに気がつきます。
　すると、時間に対する意識が変わってきます。締め切りまでに必要な仕事を片づけるためにはダラダラとはやっていられないし、飛び込みの仕事に対する対応のしかたも変わってきます。
　予定が埋まっていないと、割り込みで入ってくる「急ぎの仕事」もなんとなく引き受けてしまいがちです。しかし、自分の使える空き時間を把握しておけば、「新しい仕事に対していつまでに対応可能か？」「その仕事を割り込ませるには、ほかの仕事の予定をどう動かせばいいのか？」といったことも判断がつきます。

ルーチンワークや生活習慣は別カレンダーにする

　ルーチンワークや生活習慣をGoogleカレンダーに入力すると、いくつか問題が生じます。

- カレンダーがさまざまな用件で埋まって、大切な予定を見逃しがちになる
- 朝食や就寝など、通知が不要なものまで、いちいち設定が必要になる

　この問題を回避するためには「My カレンダー」の複数カレンダー機能を利用して、表示色とデフォルトの通知設定を変えておきましょう。習慣やルーチンワークは表示色を薄い色にして、仕事やプライベートのイベントは少し濃いめの色にしておくと、見分けやすくなります。

　デフォルトの通知については、習慣やルーチンワークは通知しないようにしましょう。仕事やプライベートの予定は、それぞれポップアップやメールで通知するようにしてください。

イベントを効率的に
管理するコツ

終日イベントは別カレンダーに

　業界や趣味ごとに、いろいろなイベントがあります。筆者の場合、IT系の「CEATEC JAPAN」、出版系の「東京国際ブックフェア」などの大きなものから小さなモノまで、たくさんのイベントがあります。仕事でも、電子書籍のキャンペーンなどのイベントに関わります。

　こういったイベントをスケジュールに入れる場合は、時間指定のない「終日イベント」として登録します。その際は、いつも使っているメインのカレンダーではなく、イベント専用のカレンダーに登録しています。

終日イベントは専用のカレンダーに登録

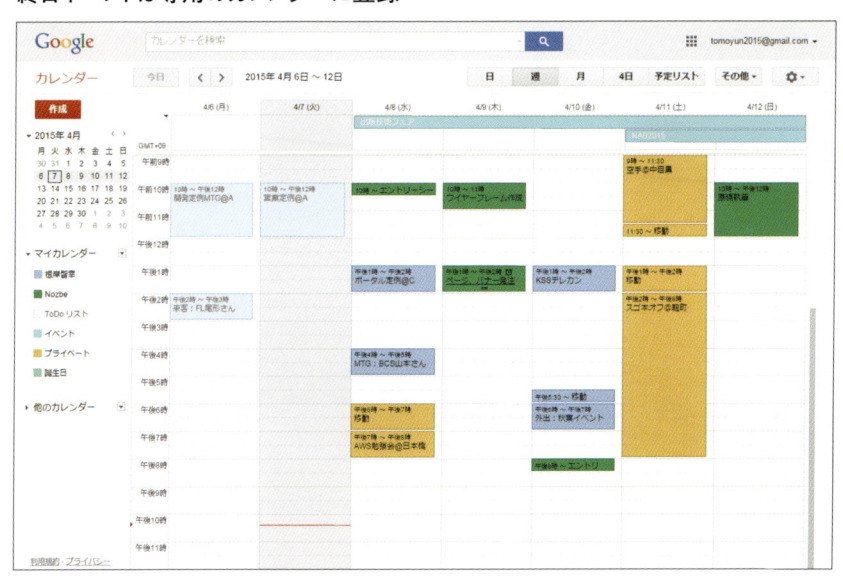

Googleカレンダーの「My カレンダー」で、「イベント」というカレンダーを作っておきましょう。

うるさくない色に変えておこう

　「あのイベントはいつだっけ？」と調べるときや、新しい予定を登録するときにバッティングしないように、イベントの日付をカレンダーに入れておきたいものです。しかし、それらのイベントの表示の自己主張が激しいと、スケジュール表が見にくくなります。

　そこで、「なるべく目立たないけど、ちゃんと目に入る」色に設定を変えましょう。

❶「色を編集…」で背景色を薄くする。

❷「テキストの色」を選ぶ。

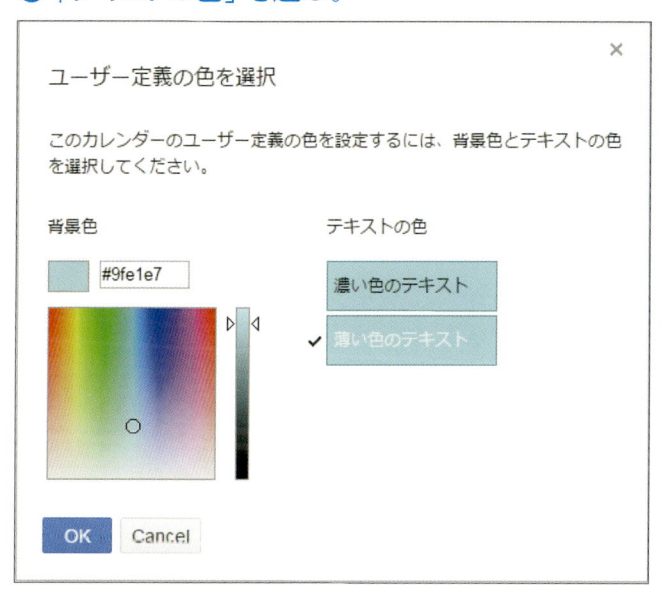

背景を薄くした場合は、「濃い色のテキスト」のほうが見やすくなります。

背景色は、個人の好みによりますが、筆者は「#9fe1e7」の薄いブルーにしています。

column

iPhoneでスケジュールが見やすいアプリを導入する

　スマホを利用するメリットの1つは、スケジュールやToDoをかんたんにパソコンと同期して使えることです。しかし、iPhoneの標準カレンダーの予定の表示はあまりにシンプルすぎて、月表示だと、その日に予定があるかないかしかわかりません。これは、毎日なにがしかの予定やToDoがある人にはほとんど意味のない仕様です。

　そこで、標準カレンダーの代わりになる代替アプリを探して入れることになります。2015年の春からGoogleがiPhone用の「Googleカレンダー」アプリの提供を開始しましたが、月や週での表示がなく、1日単位か3日単位、もしくは予定一覧表示しかありません。これはこれで画期的で便利ですが、やはり月単位の表示も必要です。

　筆者が使っているのは、「SnapCal」というカレンダーアプリです。SnapCalは、月カレンダーでも、予定の最初の数文字を表示してくれるので、予定が把握しやすいのが利点です。

　Googleカレンダーと同期させると、次章で解説するGoogleタスクのToDoも1つのカレンダーに表示できます。Nozbeなどを使わず、Googleタスクを使っている人には便利でしょう。

　ただし、SnapCalは、デフォルトでは月間表示ではカレンダーが画面半分の大きさになっています。これは、「設定」の「壁紙」から「壁紙なし」を選ぶことで、予定を全画面表示にできます。

　iPhoneやAndroidには多数のカレンダーアプリがあります。人気ランキングにあるものから、試してみてください。

第 5 章

ToDoを整理してやるべきことをミスなく効率的にこなす

Googleタスクで
やるべきことを整理する

「やるべきこと（ToDo）がありすぎて、なにから手を付けるべきかわからず、混乱してしまう……」

そんな人には、まずGmail付属のToDoリスト管理機能「Googleタスク」を使ってみることをおすすめします。Googleタスクには、以下のメリットがあります。

・Gmailに付属の機能なので、無料で使える
・GmailやGoogleカレンダーのウィンドウ内に表示できて使いやすい
・関連するToDoをまとめてグループ化できる

必要最低限の機能ではありますが、学習すべきことが少なくて、だれでもすぐに使い始められます。ToDo管理の初心者にはピッタリです。

Googleタスクの基本をおさえよう

Gmailの画面で、左上の「Gmail」をクリックして、選択メニューから「ToDo リスト」を選ぶと、ウィンドウの右下にToDoリストの小ウィンドウがポップアップします。

ToDo リストを選択

このToDoリストウィンドウは、Gmailを使いながら、常に表示させておくことができます。メールを受け取って、新しいToDoが発生したら、このToDoリストに書き込めばいいのです。

新しいToDoを書き込むときは、ウィンドウの一番下にある「＋」アイコンをクリックし、件名を入力します。Enterキーで改行することで、複数のToDoを連続して入力できます。

Googleタスク

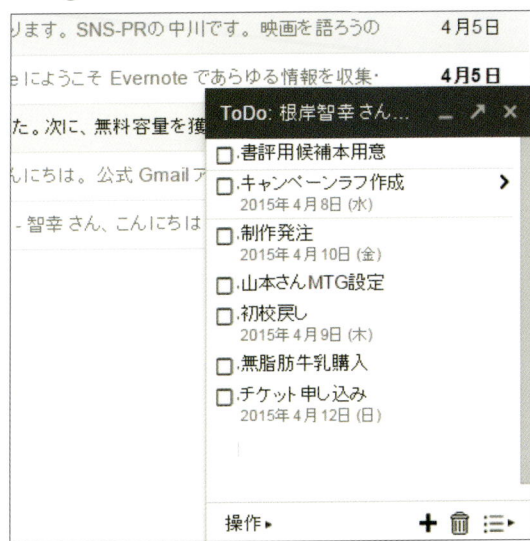

ToDoが完了したら、行頭のチェックボックスにチェックを入れます。

　ToDoは、完了しただけでは、表示されたままです。リストから消去したい場合は、ToDoリスト左下隅の「操作」をクリックして、選択メニューから「完了したタスクを消去」をクリックします。

　いままで完了させてきたToDoを確認したい場合は、「操作」→「完了したタスクを表示」で表示が復活します。

ToDoに期限を設定して「いつ」やるかを明確にする

　「やるべきことがあるのはわかっているのに、なかなか実行に移せない……」

　その原因の1つは、「いつ」やるかを決めていないことです。ToDoを管理するなら、「いつ」を明確にすることを心がけましょう。

　また、「どんな方法で」かも付け加えておくと、実行しやすくなります。Googleタスクではメモを加えることができるので、そこに「どんな方法で」も記すようにしましょう。

❶ ToDoの右隅にある「＞」をクリックする。
❷ ToDoの詳細設定画面が表示される。

❸「期限」に下にあるカレンダーアイコンをクリックして、カレンダーを表示し、目標期限の日付をクリックする。

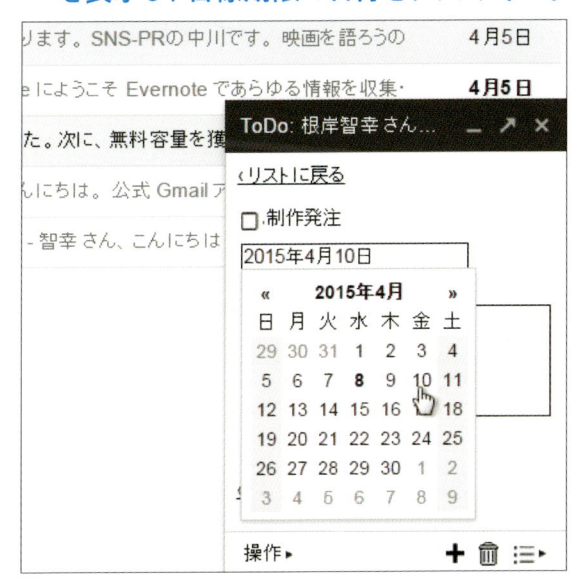

❹ 追記すべきメモがあったら、「メモ」欄に入力する。
❺ 完了したら、「リストに戻る」をクリックする。

　期限を設定したToDoは、以下の手順で、締切が近い順に並べ替えることができます。

❶ ToDoリスト左下にある「操作」をクリックする。
❷ 選択メニューから「期限順で並べ替え」をクリックする。

　期限が設定されていないものは、「期限なし」として表示されます。
　なお、ToDoに期限日を設定すると、以下のようにしてGoogleカレンダーにも表示できます。

❶ Googleカレンダー画面左側サイドバーの「マイカレンダー」の一覧から、「ToDoリスト」をクリックして、「有効」にする。
❷ 右側にサイドバーが出現し、「ToDoリスト」の一覧が表示される。

　期限日が設定されているToDoは、終日予定としてカレンダーに表示されます。
　Googleカレンダーの右サイドバーに表示されたToDoリストからも、ToDoの追加や編集が行えます。

ToDoをプロジェクトごとにグループ化して見とおしをよくする

　やらなければいけないこと（ToDo）をどんどん入力していくと、たくさんのToDoがたまります。それを見て、「やることがたくさんある！」とファイトを燃やす人もいますが、「こんなにあるのか……」とゲンナリしてしまう人もいるでしょう。また、いろいろなToDoが混在していると、優先順位

も決めにくくなります。

　そこで、ToDoをプロジェクトごとにグループ化しましょう。小さな単位にすれば見とおしも良くなりますし、達成しやすいレベルに落としこむことでやる気も出ます。

　GoogleタスクではToDoをグループ化したものを「リスト」と呼びます。

❶ GmailのToDoウィンドウ、もしくはGoogleカレンダー右サイドバーの「ToDo リスト」の右下隅にあるリストアイコンをクリックする。

❷ 選択メニューから「新しいリスト…」をクリックする。

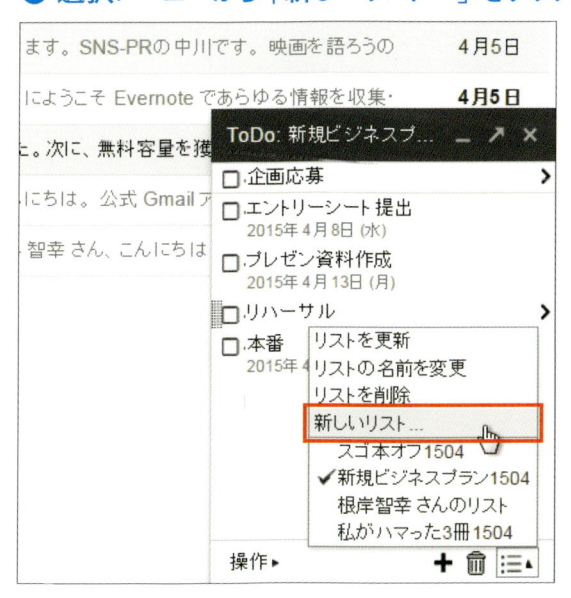

❸ 新しいリストの名称としてプロジェクト名を入力して、「OK」をクリックする。

これで新しいプロジェクト用のToDoリストが作成されます。リスト内には新しいToDoを追加していきましょう。

　期限日を設定したToDoは、Googleカレンダーの終日イベントとして表示されます。ただし、表示されるのは選択中のリスト内のToDoのみです。

　Googleカレンダー右サイドバーの右下隅のリストアイコンをクリックしてメニューを表示し、リストを切り替えると、カレンダー内に表示されるToDoも切り替わります。

複雑なタスクを分割して整理する

　ToDoをリストアップしていくと、「1つのToDoが、じつは複数のToDoの集合であった」ということがよくあります。

　たとえば、「イベント告知用のフライヤー（チラシ）を作成する」というToDoは、以下のようなToDoに細分化できます。

- ラフデザインを作成する
- ネーム（文字）原稿を作る
- 図版（写真、イラスト）を用意する
- デザイナーに発注する
- 印刷所に発注する

　さらに、「図版を用意する」は、カメラマンやイラストレーターへの発注に細分化される場合もあります。

　Googleタスクでは、この細分化を以下のようにしてかんたんに行えます。

❶ ToDoを入力する（ここでは「フライヤーを作る」）。
❷ Tabキーを押してから、「ラフデザインを作成」などと細分化項目を入力する。

❸ **入力した項目がインデント（字下げ）される。**

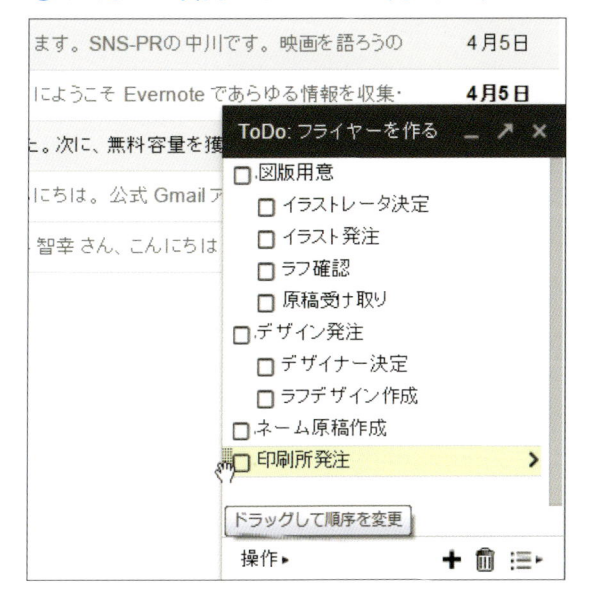

　入力したToDoのインデントの深さは、選択して Tab を押すことで深く Shift + Tab で浅く変更できます。また、順番は、行頭をマウスでつかんで並べ替えることができます。

　細分化されたToDoは、個別にチェックを入れて完了することも、上位のToDoを完了すれば下位のToDoを一括して完了することもできます。

大量のToDoをNozbeで柔軟に管理する

Googleタスクの限界

　Googleタスクは、GmailやGoogleカレンダーと一緒に使えて、しかも無料なので、ToDo管理の入口としては十分魅力的です。ただ、仕事やプライベートで多数のToDoを管理していくと、以下のような不満も出てきます。

- メールで受け取ったタスクのToDo化をすべて手作業でしなければならない
- プロジェクトを横断して優先順位を決めることができない
- 期限を、日だけでなく、時間まで指定することができない
- ルーチンワークの自動リピートができない

　こういった不満を解消するには、ToDo管理専用のサービスを利用しましょう。この分野のクラウドサービスは百花繚乱状態で、いまだに決定的なメジャーサービスが存在しませんが、筆者はNozbeを使用しています。Nozbeには以下のような特徴があります。

- Googleカレンダーと連携できるのでスケジュールと対応させやすい
- EvernoteやDropboxと連携できる
- 「受信箱」と「各プロジェクト」という構成が視覚的にわかりやすい
- ToDoをフリーワードで検索できる

　Nozbeは、無料で利用できるのは30日だけで、それ以上は有料になります。1年の利用料は8160円(680円／月)で2人まで無制限に使えます。以後、1人加わるごとに4080円(340円／月)が追加となります。最近のNozbeは、プロジェクトを共有してチームで使うことを推奨しているようです。しか

し、1人で使っても、月680円を払う価値はあると思います。

Nozbeを利用するには、nozbe.comでユーザー登録します。

https://nozbe.com/

Windows用やMac用のアプリも提供されていますが、ChromeでWeb版を使ってもアプリと遜色のない使い勝手です。iPhoneやAndroid用のアプリも提供されています。

Web版もアプリ版も、デフォルトは表示が英語になっています。設定画面で日本語を選び、「UPDATE INFO」ボタンをクリックすると、日本語表示になります。

日本語表示にする

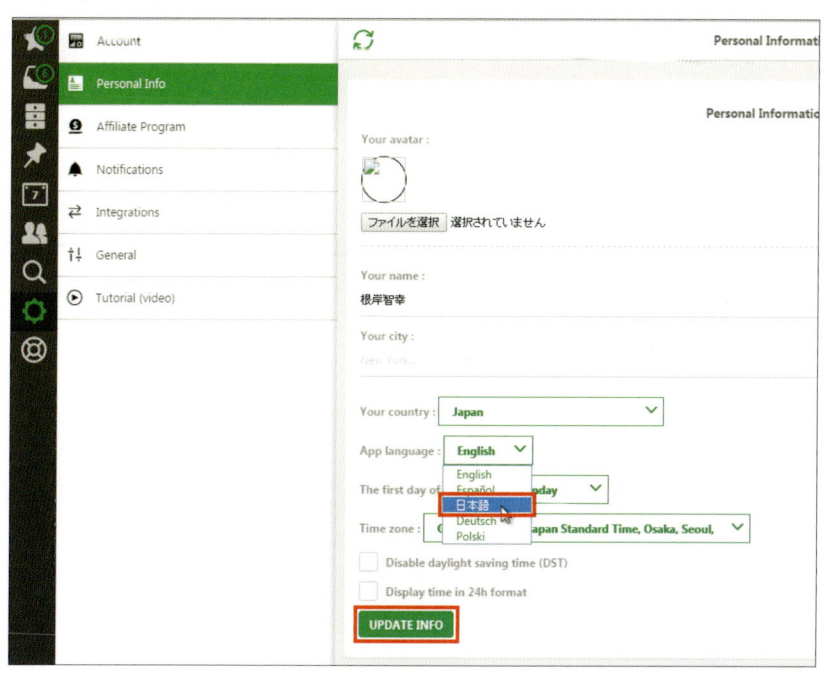

日本語表示になった画面

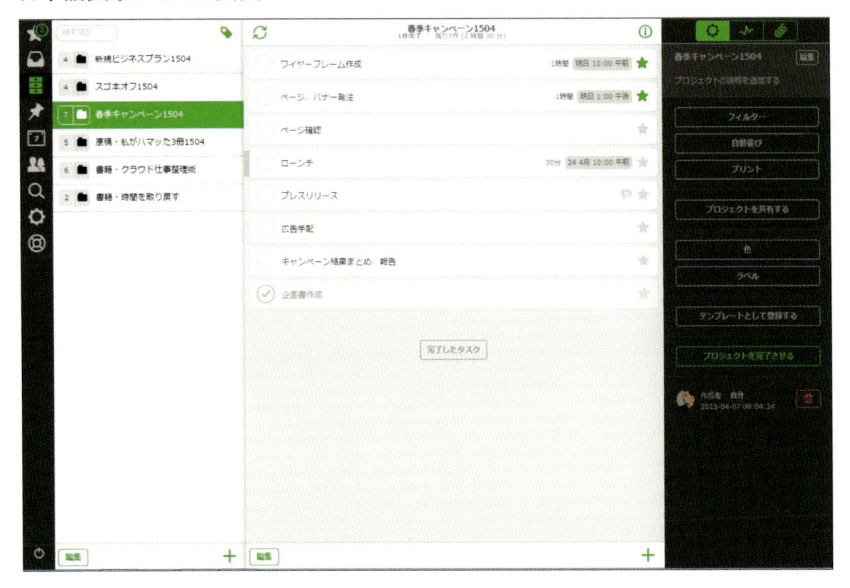

Nozbeの基本をおさえよう

　Nozbeには最初から受信箱(InBox)とプロジェクトが存在しているので、特に準備は不用です。

❶ InBoxにToDoを入力する

　まず、InBoxにToDoを入力します。Nozbeでは、ToDoを「タスク」と呼びます。

　InBoxの右下の「＋」アイコンをクリックするか、キーボードで Ctrl + N （Macは Command + N ）で新規タスクを入力します。

　入力したタスクは新しい順に並ぶので、マウスで優先順に並び替えます。

NozbeのInBox

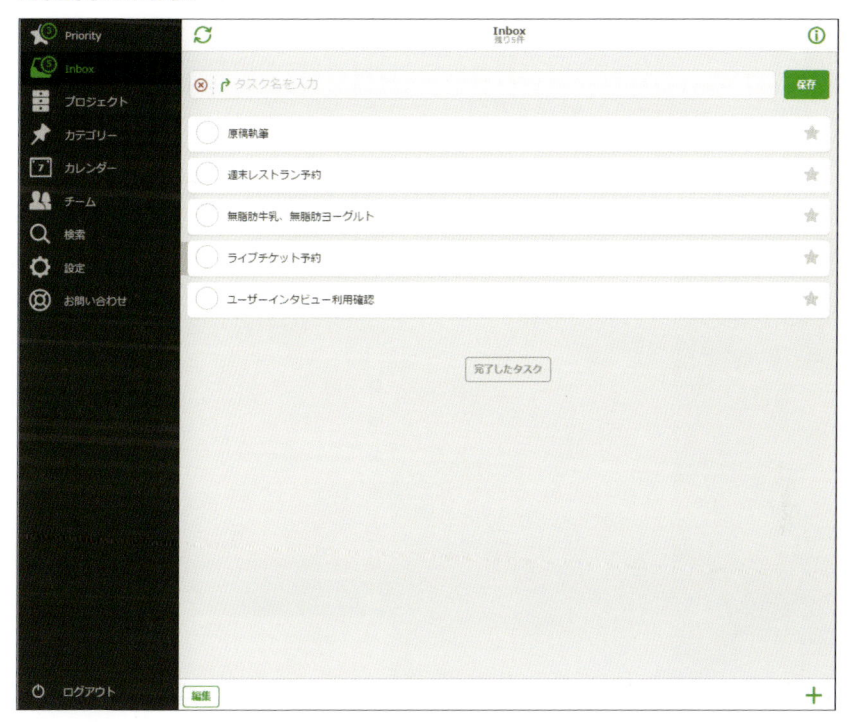

タスク（ToDo）を実行し、完了したらチェックを入れると、タスクは画面下部に移動して、完了済みタスクとなります。

完了から1日経ったタスクは、画面上には表示されなくなります。もう一度確認したい場合は、「完了したタスク」をクリックすると、完了した日付が新しい順に過去のタスクが表示されます。

❷ プロジェクトを作る

プロジェクトトレイに移動して、「＋」アイコンをクリックすると、新規プロジェクトを作成できます。プロジェクト名はDropboxのプロジェクトフォルダやEvernoteのプロジェクトノートブックと一致させましょう。

プロジェクトを作成したら、右下の「＋」をクリックして、タスク

（ToDo）を入力していきます。

　タスクをInBoxやほかのプロジェクト間で移動するときは、タスクをクリックすると、右側に設定が表示されます。

　現在のプロジェクト名をクリックすると、プロジェクトの一覧が表示されるので、移動先のプロジェクトを選んでください。

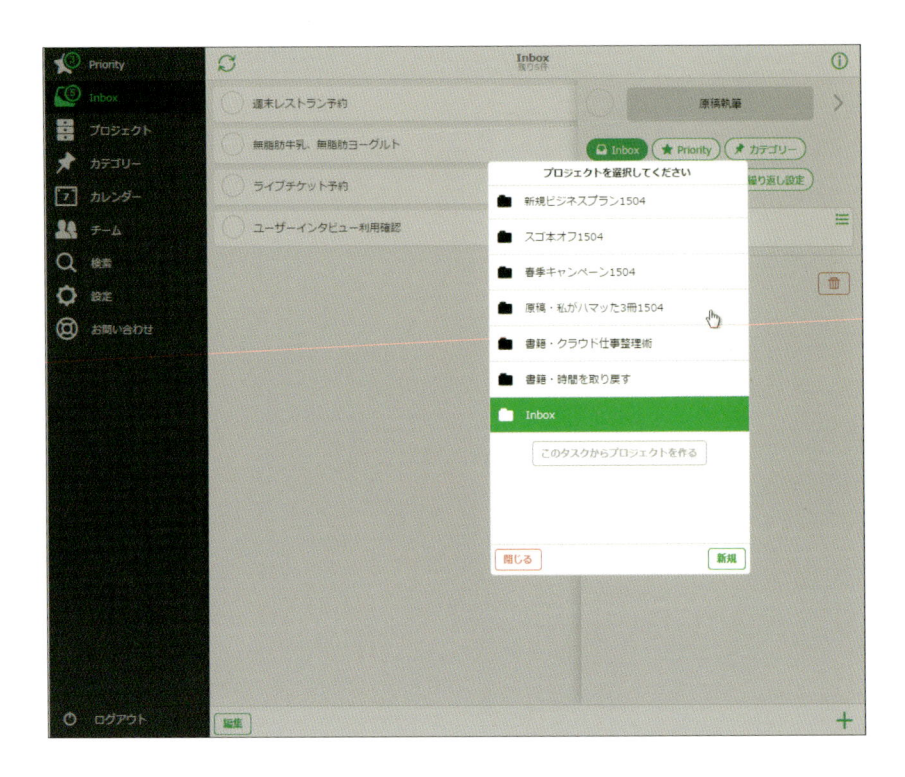

タスクが完了したら、行頭のチェックを入れます。

プロジェクトの設定は、右上の「i」アイコンから行えます。

Nozbe　プロジェクト設定画面

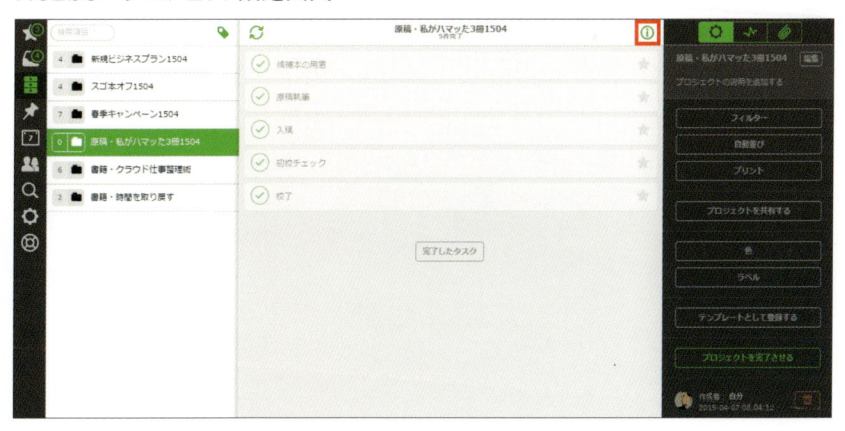

プロジェクトが完了したら、「プロジェクトを完了させる」を選んでください。プロジェクトトレイに表示されなくなります。

Googleカレンダーと連携して計画と実行をスムーズに

　Nozbeを利用する大きなの理由の1つが、Googleカレンダーとの連動機能です。NozbeにGoogleカレンダーのアカウントを設定すると、日時と所要時間を設定したタスク（ToDo）は自動的にGoogleカレンダーに登録されます。これによって、ToDoをNozbe側で整理し、その結果をGoogleカレンダーで確認する、というサイクルを作ることができるようになります。

　やり方は、「設定」―「連携設定」の「Googleカレンダー」の項目で「GOOGLEアカウントと関連付ける。」をクリックして、Googleにログインし、Nozbeからの利用を許可するだけです。

「GOOGLEアカウントと関連付ける。」をクリック

Nozbeからの利用を許可

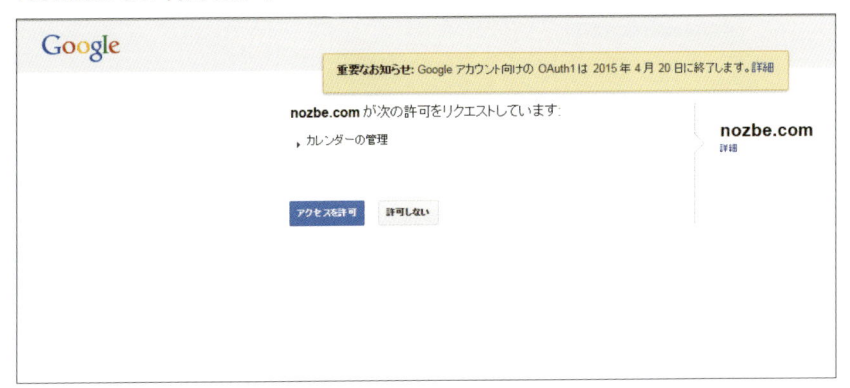

タスクに所要時間と日付を設定する

　タスクに所要時間と日付を設定するには、タスクをクリックして、右に表示された詳細設定から、「所要時間」、「日」、「時間」を順に設定します。

所要時間を選択

日を選択

時間を選択

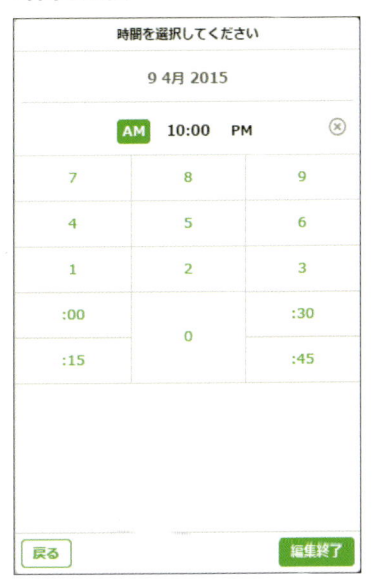

設定ができたところ

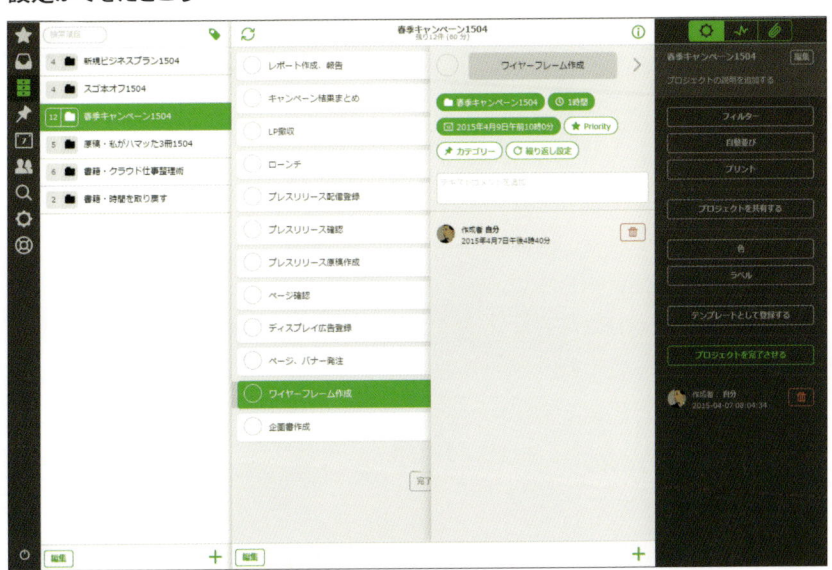

第5章
ToDoを整理してやるべきことをミスなく効率的にこなす

所要時間は5分や15分でも設定できますが、大雑把に30分単位でもかまいません。あまり精密に設定してしまうと、息苦しくなってしまいます。仕事には常にリラックスして臨むほうが良いでしょう。

　タスクを設定すると、1分程度（長くても5分）で、Googleカレンダー側に予定として登録されます。この予定は「My カレンダー」内の「Nozbe」というカレンダーに登録されます。

　逆に、Googleカレンダー側から「Nozbe」カレンダーに予定を登録すると、Nozbe側にタスクとしてInBoxに登録されます。ただし、Googleカレンダー側でプロジェクトは指定できないので、必要に応じてプロジェクトに振り分けてください。

タスクに資料を紐づける3つの方法

　タスクには、それを実行するための、さまざまな情報や資料が必要になります。たとえば、今期の売上を集計してレポートを作るときには、「何がポイントになるのか」といったメモや、参考用の前期の集計レポート、さらに集計用のシートなども必要です。

　Nozbeでこれらを管理する方法は3つあります。

1. タスクにコメントや資料を添付する。
2. タスクにEvernoteのノートを添付する。
3. プロジェクト単位にNozbe、Evernote、Dropboxで個別に管理する。

　1.のタスクに添付するのは、かんたんでわかりやすい方法です。また、用件のメールをNozbeに転送すると、メールの本文がコメントになり、添付ファイルがNozbeの添付ファイルになります。メールからタスクを作るときは、この方法をとります。

メールをNozbeに転送するとメールの本文がコメントになる

　2.は、EvernoteのアカウントをNozbeのアカウントとして連携させることで可能になります。Evernoteでタスクの作業手順を管理しているときなどは、有効な方法です。

　3.は、特別なことは何もせず、本書で推奨しているようにDropbox、Evernote、Nozbeでそれぞれ同じプロジェクト名で仕事を管理すれば、自然に行えることです。じつは、これが一番シンプルで手順が少なくて済むことが多いです。

タスクの登録を一発で終わらせるには

　タスクを登録するには、プロジェクト、期限日時、作業時間などを設定する必要がありますが、GUIのパネルをいちいちマウスで操作するのは面

倒です。そこで、Nozbeではタスク名の入力時に半角の「#」を付けることで、プロジェクト、日時、作業時間を一度に設定できます。たとえば

「新商品開発」プロジェクトのプレスリリースを4月10日11時に配信する。作業時間は30分」

というタスクを登録するなら、以下のように入力するだけです。

プレスリリース配信 #新商品開発 #4月10日 11:00 #30分

　この機能を、Nozbeでは「ハッシュタグ」と呼んでいます。
　プロジェクト名を正確に覚えていなくても、タスク名の後に「#」だけ入力すれば、候補としてプロジェクト名の一覧が表示されるので、カーソルキーで選んで Enter で選択するだけです。
　なお、タスク入力のショートカットは Space キーです。Nozbeのアプリを使用中なら、どこでも Space キーでタスクの入力を開始できます。
　さらに、MacではNozbeのアプリにいちいち切り替えなくても、 Ctrl + Comannd + T でタスクの入力ウィンドウが表示されるので、上記の方法で素早くタスクを登録できます。

複雑なタスクを分割して管理する

　タスクの中には、「鈴木さんに電話する」のような単純なタスクもありますが、「新人歓迎会を開催する」のような、より細かいタスク（ToDo）に分割したいものもあります。「千里の道も一歩から」のたとえにあるように、大きな目標も、小さく分割して1つずつこなせば、難易度を下げられます。

　ToDo管理サービスによっては、プロジェクトの中にサブプロジェクトを作成できるものもあります。しかし、Nozbeは「階層化すると見とおしが悪くなる」という理由から、サブプロジェクト機能を提供していません。その代わり、以下の2つの機能でタスクの分割を可能にしています。

・タスク内チェックリスト
・タスクのプロジェクト化

タスク内チェックリストを使う

　NozbeのToDoには、付加情報としてチェックリストを加えることができます。これは、箇条書きにチェックボックスがついただけのもので、期限の設定も優先度順の並べ替えもできない非常に簡易なものですが、シンプルな分、逆に実用的です。

❶ タスクをクリックすると、右側に詳細情報が表示される。
❷ 「テキストコメントを追加」の右隅にあるリストアイコンをクリックする。
❸ チェックリストの各項目を入力する。完了したら、チェックを入れる。

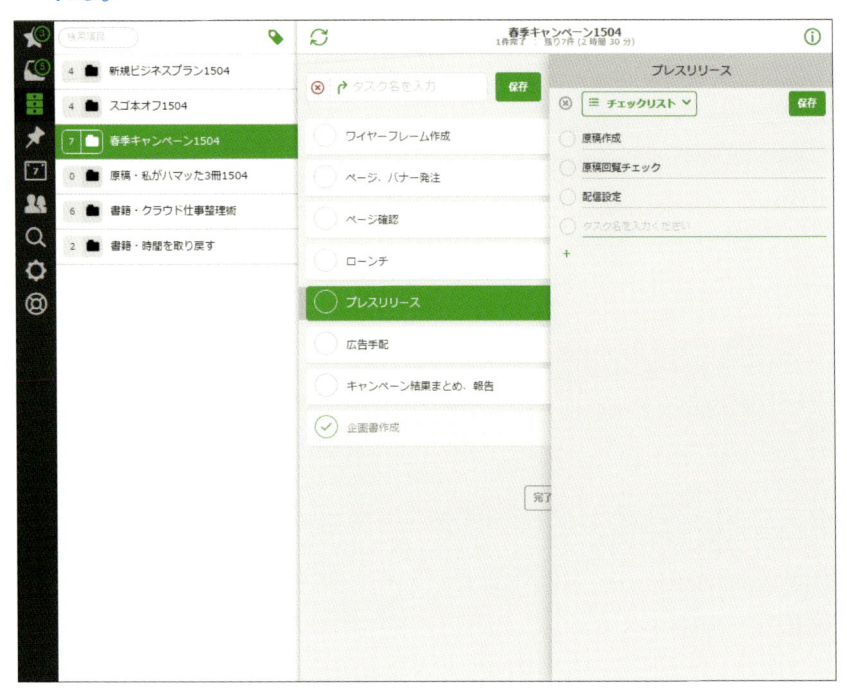

タスクをプロジェクト化する

　Nozbeでは、InBoxや各プロジェクト内のタスクをプロジェクトに変換できます。分割したいタスクがあれば、この機能を使って分割しましょう。

❶ タスクをクリックすると、右側に詳細情報が表示される。
❷ 「InBox」もしくは現在のプロジェクト名をクリックする。
❸ 移動先プロジェクトの候補一覧が表示されるので、一番下にある「このタスクからプロジェクトを作る」をクリックする。

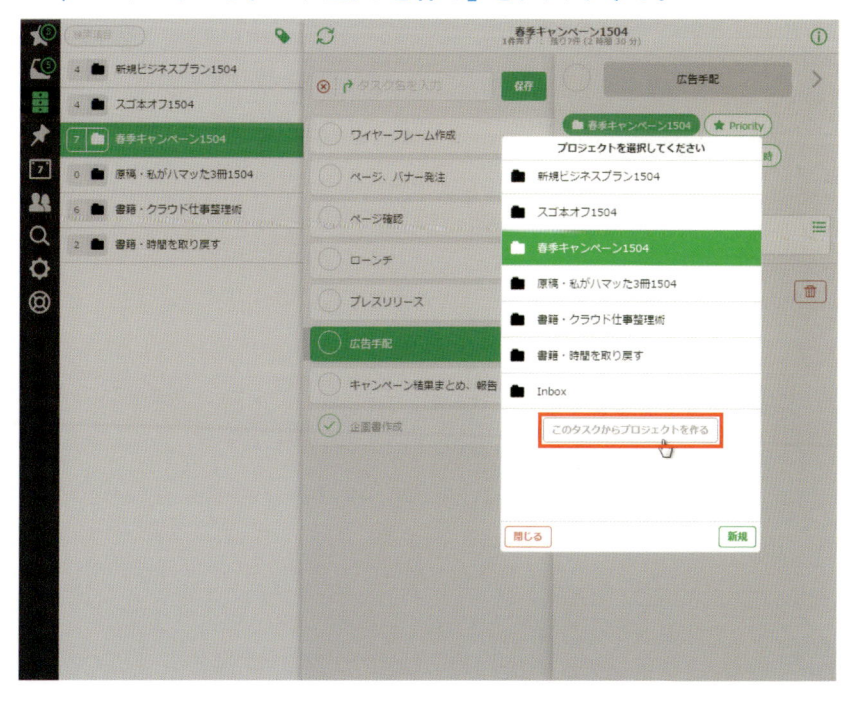

❹ **タスクがプロジェクトトレイに移動し、プロジェクトが作成される。**

あとは、新規プロジェクト内に必要なタスクを入れていきましょう。

なお、プロジェクト内のタスクをプロジェクト化すると、元のプロジェクトとのつながりが失われてしまいます。プロジェクト同士を関連づけたい場合は、「ラベル」というものを使用します。これは「タグ」のようなもので、自由に作成でき、1つのプロジェクトに複数設定できます。

ラベルの設定は、タスクの詳細情報から行えます。

Nozbe　プロジェクトラベル

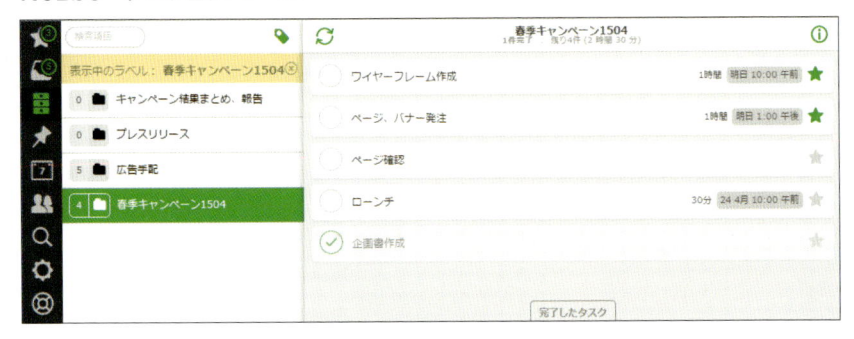

「繰り返し」と「テンプレート」でルーチンワークをラクに

　どんな仕事でも、ルーチンワークはつきものです。しかし、ルーチンワークを軽視して、経費精算のときに慌てたり、レポートの提出がギリギリになって、クオリティが下がったり、周囲に迷惑をかけたりしていないでしょうか？

　また、本来は単純なはずのルーチンワークに強いストレスを感じて、ムダに疲弊したりしていないでしょうか？

　ルーチンワークがうまく処理できない理由は2つあります。

・慣れていない
・時間がない

　この問題を、Nozbeを使って解決しましょう。

プロジェクト・テンプレートを作業マニュアル兼チェックリストとして使う

　手順が複雑で抜け漏れが出やすいルーチンワークは、プロジェクトのテンプレートを作って使い回しましょう。筆者は、電子書籍編集部の広報的な仕事をしていたとき、書誌データの収集、Webサイトへの掲載、プレスリリースの作成と配信に必要な流れをこのテンプレート機能で管理していました。手順は以下のとおりです。

❶ テンプレートの原型となるプロジェクトを作成し、必要なタスクを登録する。
❷ タスクを実行順に並べておく。

❸ プロジェクトの詳細設定で、「テンプレートとして登録する」をクリックし、テンプレート名を入力欄に入れてから「登録する」をクリック。完了すると、「テンプレートに登録されました」というメッセージが出る。

❹ 原型プロジェクトは完了させて、プロジェクトトレイから消去する。
❺ 使用するときは、テンプレートトレイに移動して、目的のテンプレートを選択する。
❻ 「このテンプレートからプロジェクトを作成する」をクリックする。
❼ プロジェクト名を入力すると、テンプレートをコピーしたプロジェクトが作成される。

タスクのリピート機能で早めにルーチンに取りかかる

　Nozbeには登録したタスクを繰り返し実行する機能があります。毎日、毎月、毎週などの決まった周期で実行する仕事は、この機能で忘れず実行しましょう。

　設定のポイントは以下の2点です。

1. ルーチン専用のプロジェクトを作る

　繰り返し実行タスクを含むプロジェクトは、完了させることができませ

ん。そこで、ルーチンワーク専用のプロジェクトを作り、そのなかにルーチンで実行するタスクを登録します。

2. 慣れないルーチンワークの所要時間は長めにとる

アクシデントで当日実行できない可能性を考慮して、実行日が締切当日ではなく、1日か2日前に来るように設定します。

仕事に大切なのは余裕を持って、リラックスしてのぞむことです。些末なルーチンワークであっても、余裕を持つようにしましょう。

繰り返しの設定はプロジェクト単位ではなく、タスク単位に行います。

❶ 繰り返し実行したいタスクを選択する。
❷「繰り返し設定」をクリックする。
❸ 繰り返しの単位を選択する。

Nozbe　タスクを繰り返す間隔を設定する

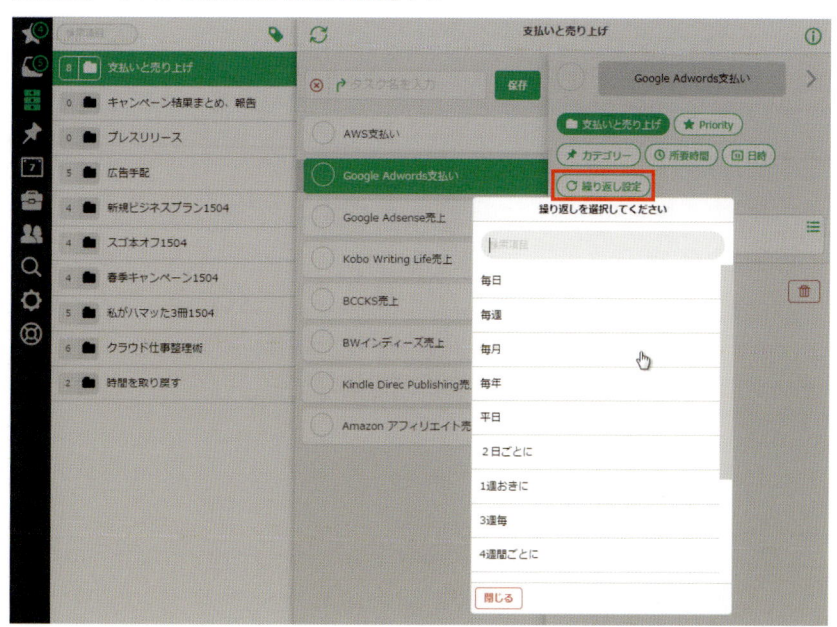

column

スマートフォンアプリで生活習慣を作り上げる

　仕事を効率良く行う根幹 ―― それは規則正しい生活です。毎日の起床時間、食事の時間、トレーニングの時間、出社、退社、入浴、就寝などを規則正しく行うことで生活にリズムを作ると、空き時間の活用もしやすくなります。

　この生活習慣を作るための定番アプリが、「Due」です。起床時間、食事の時間、トレーニングの時間、出社、退社、入浴、就寝などの時間を設定しておくと、「チーン」という音で知らせてくれます。そこで「OK」を押さなければ、1分おきにまた音がなります（スヌーズ機能）。しつこい万能目覚まし時計のようなアプリです。

　Dueのいいところは、非常に細かく柔軟な設定ができることです。スヌーズの間隔は1分、5分、10分、と変更できますし、音も変更できます。通知のタイミングも毎日、毎週、毎月に加えて「週の月・水・金」といったカスタマイズもできます。

　こういった生活習慣のルーチンは、Googleカレンダーに設定することもできますが、カレンダーの設定項目が増えすぎて見とおしが悪くなってしまうこと、スヌーズ機能がないことの2つから、Dueのようなリマインダーアプリの利用をおすすめします。

　残念ながら、DueはiPhone版しかないのですが、Androidには「Life Reminders」というアプリがあって、Dueの代わりに使っている人もいるようです。

iPhoneアプリ　Due

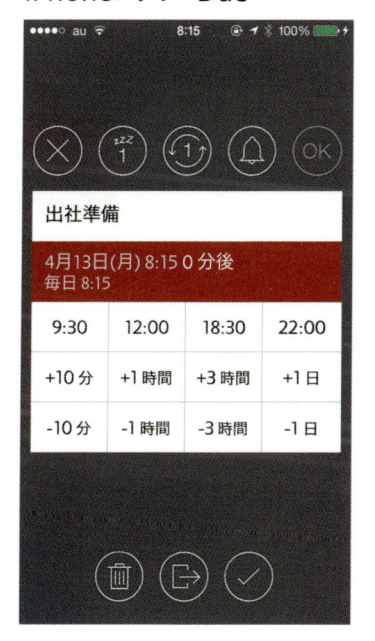

第6章

メモやノートを効率的に記録し、整理して、活用する

メモとノートを整理する仕組みを整える

「メモ」と「ノート」の違いとは

　私たちは、日常的にメモやノートをとります。この2つに明確な区別はないようですが、筆者は以下のように区別しています。

【メモ】
　短い情報を忘れないように書き留めておくもの

　・短期的メモ　→　ToDo、スケジュール、アイデア、買い物
　・長期的メモ　→　アカウントやライセンス情報　など

【ノート】
　・ひとまとまりの長い情報を記録したもの　→　議事録や講義録
　・仕事、作業、勉強に必要な情報を整理したもの
　　→レポートや論文の資料をまとめたもの、自分向けの作業説明書など

　毎日の仕事においては、大量のメモやノートが作られていると思います。ですが、はたしてそれらはきちんと活用されているでしょうか？「メモしたけど、忘れられてしまったアイデア」「作成したけど、だれも振り返ることのなかった議事録」はたくさんあるはずです。

　「あのとき、良いアイデアが出たけど、なんだっけ？」

といった感じで、せっかくのアイデアや情報が記録されずに消えてしまうこともよくあります。

メモやノートを活かすための3つのステップ

書いたメモやノートが忘れられ、活用されないのは、実行や利用の段階まで落とし込みがされないからです。思いついたアイデアの多くは、その時点では断片にすぎません。それを整理して、情報を補足し、きちんと実行に落とし込んでいかなければなりません。そのためには、次のステップを踏みます。

❶ 記録
打ち合わせや会議などで発生したアイデアをメモに記録します。

❷ 整理
メモやノートを見直して整理します。

❸ 実行
優先度の高いものから、実行段階に落とし込みます。

ビジネスに慣れた人ならだれでも日常的に行っていることですが、各段階でクラウドやスマホのツールを導入することで、より効率的になります。

Evernoteを記録の要にしよう

アイデアや情報を記録する手段はいろいろありますが、最終的に記録した情報のすべてをEvernoteにまとめるようにすると、以後の作業がスムーズに運ぶようになります。

Evernoteは、情報の記録と管理に特化したクラウドサービスです。作成・更新したノートはクラウドに保存されるので、たとえば会社のPCで作成したノートを出先のスマホで参照したり、自宅でまちがいを修正したりできます。

Evernoteのアカウントは以下のURLで登録できます。

https://evernote.com

ユーザー登録したあと、専用アプリを自分のパソコンやスマホにインストールして利用します。本格的な活用法は専門書にゆずりますが、ここではかんたんにEvernoteの仕組みと使い方を説明します。

Evernoteを使うために知っておくべき4つの概念

まずは、基本となる4つの概念を覚えましょう。

ノート

Evernoteはワープロやメモ帳に似た文書アプリですが、1つ1つの文書は「ノート」と呼ばれます。ノートには、テキストだけでなく、画像やPDF、WordやExcel、PowerPointのファイルを添付して保存できます。

ノートブック

関連性のある複数のノートをまとめるために、「ノートブック」という入れ物を作ることができます。筆者は、仕事やプライベートのプロジェクトごとにノートブックを作成して、ノートを整理してしています。

スタック

Evernoteのノートブックは、フォルダのように入れ子にすることができません。その代わり、複数のノートブックをまとめた「スタック」を作れます。スタック、ノートブック、ノートの3階層で文書を整理できます。

タグ

ノートブックのほかにもう1つ、ノートを整理する手段として、「タグ」があります。

1つのノートは1つのノートブックにしか入れられませんが、タグは複数をノートに付けることができます。
　また、ノートブックは階層化できませんが、タグは何重でも階層化できます。

Evernoteの基本画面

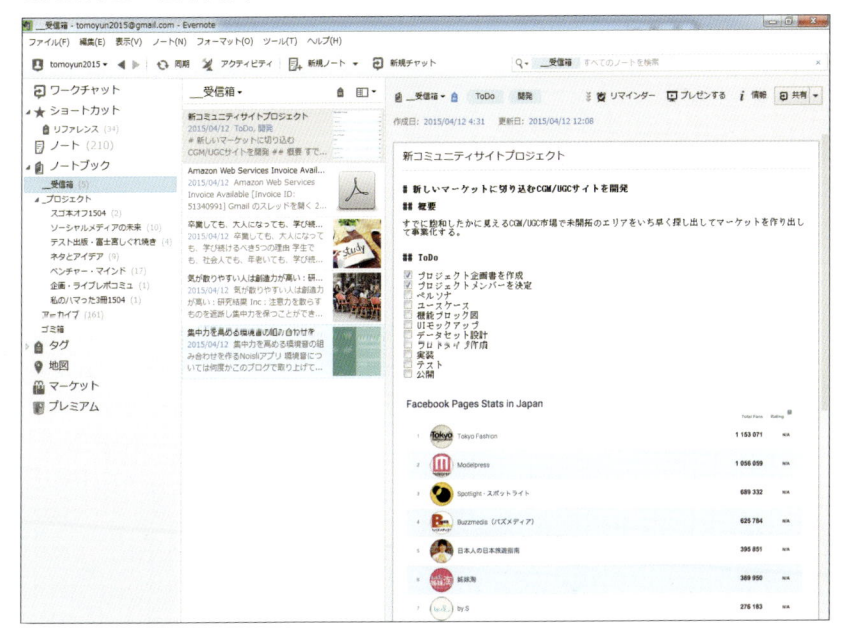

Evernoteに3つの箱を作る

　Evernoteを使う前に、受信箱、プロジェクトの箱、アーカイブの箱を作って、メモとノートを整理する準備をしましょう。

まずは受信箱を作ります。

❶ **左サイドバーの「ノートブック」をクリックする。**
❷ **ノートブック一覧画面で「＋新規ノートブック」ボタンをクリックし、受信箱用の新しいノートブックを作成する。**

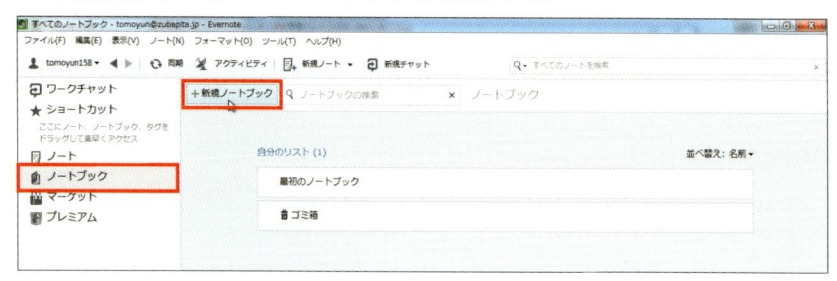

筆者は名称を「＿＿受信箱」としました。なぜ名称の前に「＿」(半角アンダーバー)を2個続けているかといえば、受信箱がいつも先頭に表示されるようにするためです。Evernoteではノートブックとスタックの表示順を自由に指定できないので、このようにしておく必要があります。これで、常に受信箱にすぐアクセスできます。

「＿＿受信箱」とアンダーバーを2個続ける

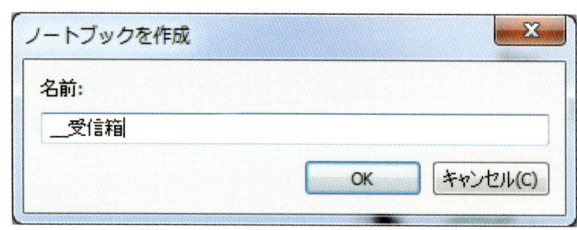

受信箱を作成したら、以下の手順で、メールやWebからの転送が自動的に保存される「デフォルトノートブック」にしておきましょう。

❶「＿＿受信箱」ノートブックを右クリックして、メニューから「設定…」を選ぶ。

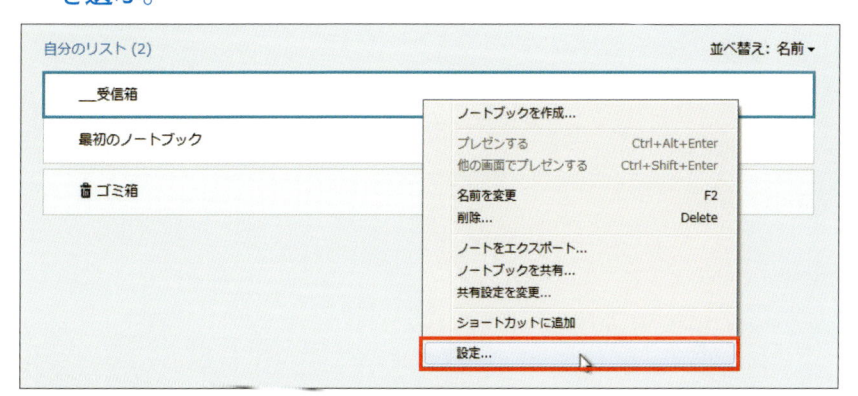

❷「ノートブックのプロパティ」の画面で、「このノートブックをデフォルトにする」にチェックを入れる。

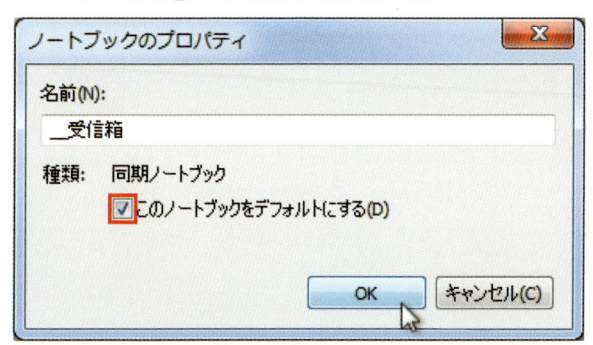

続いて、プロジェクト用の箱（ノートブック）を作りましょう。

❶ 現在進行中のプロジェクトのノートブックを2つ作成する。
ノートブックの中は空のままでOKです。

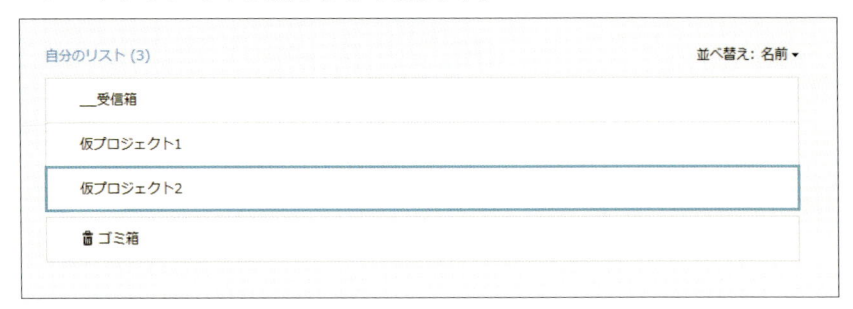

❷ 2つのノートブックを重ね合わせる。

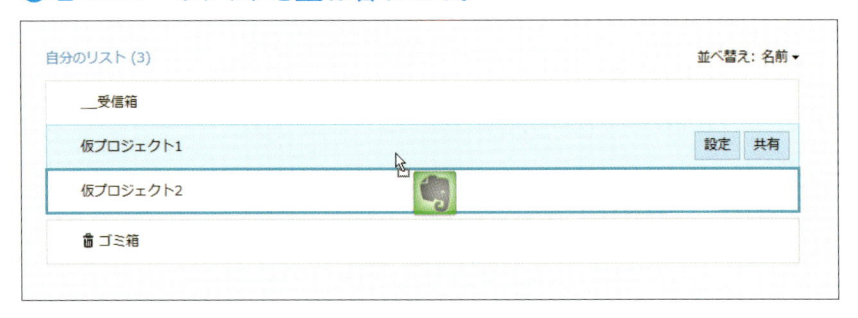

❸ スタックが作成されて、ノートブックがその中に収納される。
❹ 右クリックから「名前を変更」を選択する。

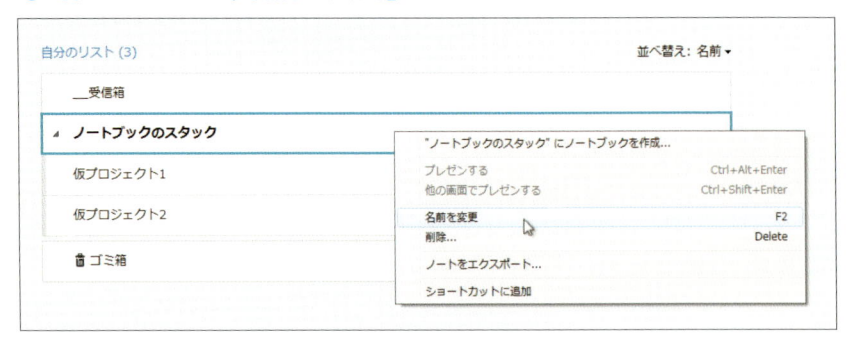

❺ スタックの名前を「_プロジェクト」にする。

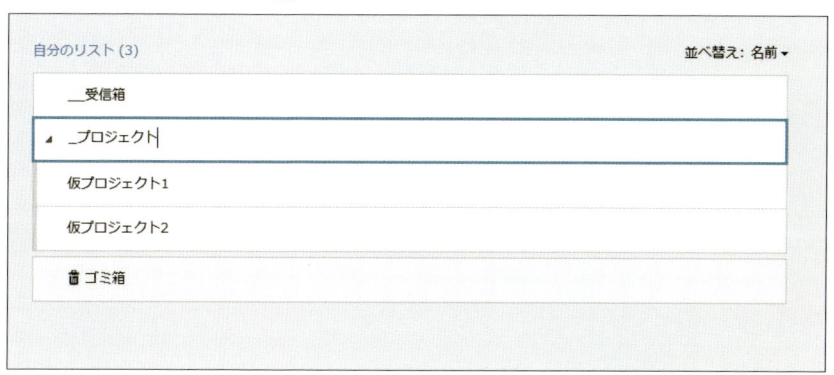

以後、各プロジェクトのノートブックを作ったら、「_プロジェクト」スタックの中に入れるようにしてください（「プロジェクト」の前の半角アンダーバーは1つです）。

最後に、用の済んだノートをアーカイブするための「アーカイブ」ノートブックを作成します。

「アーカイブ」ノートブックを作成する

ノートブックが見やすいようにしておく

　サイドバーが表示されていない場合は、「表示」メニューでサイドバーを表示しておくと便利です。WindowsとMacで若干やり方が異なります。

【Windows版（Ver.5.x系）】
　「ノートブック」アイコンの先頭の三角印をクリックする。

【Mac版（Ver.6.x系）】
　「ノートブック」アイコンを右クリックして、「ノートブックリストを表示」を選択する。

　すると、「ノートブック」アイコンの下にスタックとノートブックの一覧が表示されます。
　同様に、「_プロジェクト」スタックも展開して、中のノートブックが見えるようにしておきましょう。

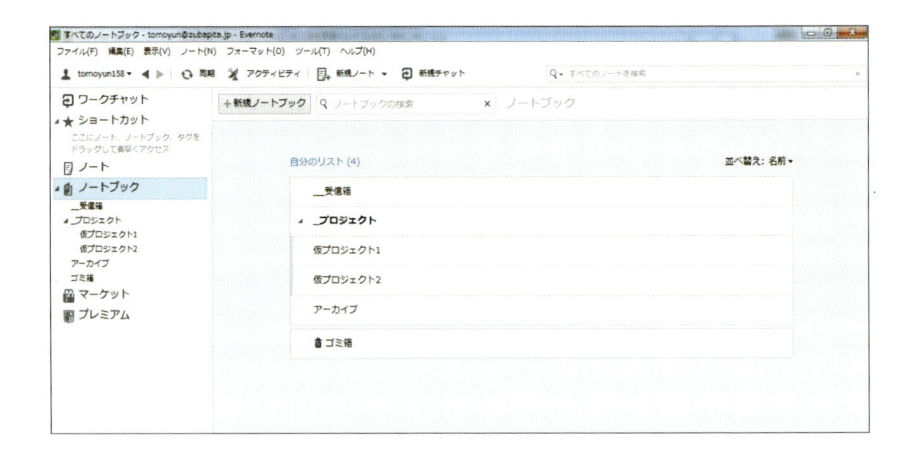

　以上で、Evernoteの準備ができました。

すべてのメモやノートはとりあえず受信箱に放り込む

メモやノート、資料には、さまざまなものがあります。

・会議や打ち合わせのメモ
・新聞、雑誌、書籍で調べた情報
・ネットで調べた情報
・残しておきたいメールの文面
・レポートや論文の草稿
・業務上必要となる知識や手順
・訪問先の名称、住所、地図
・複雑な作業を行ったときの作業ログ
・アイデアメモ
・やらなければならないこと（ToDo）
etc.

これらはすべて、いったん受信箱（＿受信箱）に置くようにしましょう。

受信箱は仕事のスタート地点です。まずはここに情報を蓄積しましょう。そして、必要があればプロジェクト用ノートブックを作成し、そこに分類・整理します。受信箱の中だけで完結する仕事は、わざわざプロジェクト化する必要はありません。

用が済んだら、あとで検索しやすいようにタグをつけて、アーカイブに移動しましょう。

Evernoteを使った仕事の手順

Evernoteを使った仕事の手順は以下のようになります。

❶ 仕事（プロジェクト）の開始

「_プロジェクト」スタックの下に、プロジェクト用ノートブックを作り

ます。
　ノートブック名はDropboxやNozbeなどのプロジェクト名と合わせるようにしてください。

❷ 仕事（プロジェクト）の実行
　関連する資料やメモを、プロジェクト用ノートブックに集めます。
　新しく原稿を作成するときも、プロジェクト用ノートブック内にノートを作ります。

❸ 仕事（プロジェクト）の完了
　仕事が終わったら、ノートブック内のノートにプロジェクト名と同じ名前のタグを付けて、「アーカイブ」ノートブックに移動します。プロジェクト用ノートブックは削除します。プロジェクト名のタグの整理法は、後述します。
　あとから、必要なノートを探すときは、アプリの右上の検索フォームを使ってキーワードで検索すると、タグ名でもマッチします。
　また、左のサイドバーのタグ一覧から探すこともできます。

メモの基本をおさえる

突然メモをとる必要にかられたとき、どうしていますか？
いつでもどこでも、慌てずにメモを残せるように、シチュエーション別にメモのとり方を確認しておきましょう。

会議中のメモをとるとき

まずは、基本となる方法です。

❶ パソコンでEvernoteのアプリを起動しておく。
❷ 左のサイドバーで＿受信箱をクリックする。
❸ 上のツールバーで「＿受信箱にノートを作成」をクリックして、新規ノートを作成する。
❹ タイトルは会議名を入力し、同時に Ctrl + D （Macは Command + D ）で日付を入力する。
【例】企画部定例 2015年3月10日
❺ Enter キーで本文入力画面に移る。

急いでメモをとりたいときは

急いでメモをとるときは、クリックする時間や、件名を入力する時間もおしいものです。そんなときは、以下のようにしてください。

【Windows】
❶ キーボードの Ctrl + Alt + N を押す。
❷ 新規ノート画面が開くので、入力して保存する。

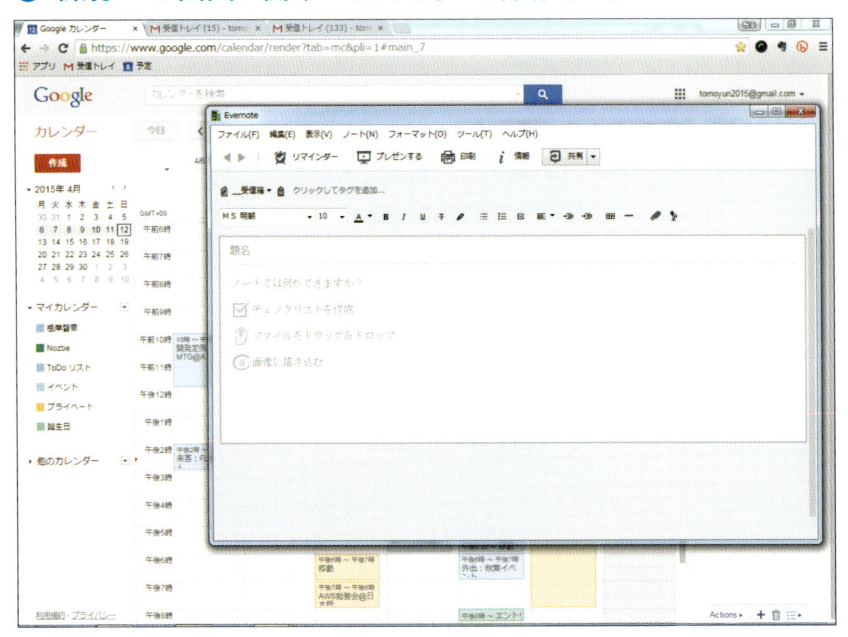

【Mac】
❶ キーボードの Ctrl + Command + N を押す。
❷ メニューバーのEvernoteアイコンにメモパッドが瞬時に現れるので、そこに入力して保存する。

なお、Mac版のメモパッドでは、画面の一部をキャプチャしたり、録音を行うこともできます。

【スマホ】
❶ 画面を上から下にスワイプして、通知画面を表示する。
❷ Evernoteの「テキスト」アイコンをタッチする。
❸ 新規ノート画面が表示されるので、そこに入力して保存する。

なお、バージョンによっては、Evernoteアプリが立ち上がっても、新規ノート画面が表示されないことがあります。その場合は、再度「テキスト」

アイコンをタッチしてください。

【紙とペンが身近にあるとき】
　本当に急いでいるときは、「何に記録するか」よりも、「何を記録するか」が大事です。記録の抜け漏れを起こすぐらいなら、パソコンやスマホを諦めて紙とペンでメモをとるべきです。ただし、メモはあとで必ずEvernoteに転記し、紙は捨てるようにしましょう。

打ち合わせの内容はホワイトボードに書いてスマホで撮影する

　ホワイトボードは非常に重要なビジネスツールです。まとまらない会議も、ホワイトボードに要点を書き出していくと、スムーズに集約できます。また、ブレーンストーミングのときも、会話しながらホワイトボードに書いていくとどんどんとアイデアが湧いたり、バラバラだったポイントのつながりが見えてきます。スティーブ・ジョブズ（Apple創業者）もマーク・ザッカーバーグ（Facebook創業者）も、ホワイトボードを活用したといわれ、アイデアや問題点と解決案をまとめるための必須ツールといえるでしょう。

　会議が白熱すると、ホワイトボードのスペースが足りなくなります。そんなとき、いちいちノートパソコンにタイピングで書き写していては、会議の熱が冷めてしまいかねません。そこで、スマホで撮影すれば、すぐに消して議題を続行できます。

　スマホで撮影したホワイトボードの板書は、そのまま写真画像として書き出してもいのですが、走り書きがかすれていたり、撮影の角度によって矩形が歪んでいたり、光の加減で見えづらかったりします。そんなとき、写真の中の文字を読みやすく修正してくれるスマホアプリがあります。同じようなアプリがいくつかありますが、筆者が長年愛用しているのが「CamScanner」です。iPhone版もAndroid版もあります。

　CamScannerは、撮影した写真の中のホワイトボードの四角を支持して

あげると、それに合わせて矩形を調整して、余分な領域をカットします。さらに、読みやすいようにコントラストを上げることもできます。紙資料のコピーにも使えます。

　読みやすく処理した写真は、JPEGやPDFとして、Evernoteに直接アップロードできます。PCの大きな画面で確認しながら、会議のまとめノートを作成しましょう。

　なお、Evernoteのプレミアム（有料）アカウントの場合は、画像やPDF内の文字をOCRで自動認識してくれます。しかも手書き文字にも対応しています。それにより、画像内の文字もキーワード検索の対象にできます。これを利用して、「手書きのメモやホワイトボードの写真をEvernoteのノートに貼り付けておき、あとで検索する」という使い方も考えられます。

　ただし、筆者はOCRによる手書き文字認識の精度をあまり信じることができず、基本的にはテキストに打ち直しています。ネットでは「便利」と賞賛する声もみかけますので、あくまで使い方と個人的な心情の問題だと思います。興味があれば試してみてください。

メモを整理・編集して
ノートを作り、共有する

散らばったメモを整理してまとめておく3つのメリット

　日々の仕事では、やらなければならないこと（ToDo）、仕事を発展させるアイデア、貴重な情報源など、たくさんのメモが発生します。それらの情報の断片をEvernoteに放り込んでおいて、あとから検索して参照する、というのも、1つの使い方です。

　もう1つの使い方は、散らばったメモを自分で整理してまとめたノートを作っておく方法です。これは面倒ですが、以下のような利点があります。

- メモを書いて間もないため、メモの断片から別の記憶が蘇ってきて、書き留めていなかったことも追記できる。
- ノートとして1つの「文脈」になっていると、読み取るのに苦労せず、それだけ時間を節約できる。別の仕事であとから参照するときも再利用しやすい。
- 作成したノートを仕事のチーム内で共有できる。共有することで認識を深めたり、まちがいや抜け漏れの指摘ももらえる。

複雑な作業をしたら、手順を記録しておこう

　毎日行う作業なら、記憶できます。でも、2、3ヶ月に1回とか、1年に1回ぐらいしかしないような作業は、次の機会にはウロ覚えで、また調べ直したり、試行錯誤が必要になります。作業記録を残しておけば、マニュアルとしてあとから参照できますし、だれかに引き継ぐときにも、そのまま資料として渡せます。

　なにか複雑な作業をしたら、その手順を記録しておきましょう。たとえば、新しいパソコンを買ったり、HDDが壊れてフォーマットし直したりし

た場合に設定する手順などは、ログ（作業記録）をとってマニュアル化しておくことをおすすめします。筆者の場合は、1年に1回、税理士さんに経理データを送る手順などをマニュアル化しています。

こういったノートは、「ログ」や「作業記録」などのタグをつけてからアーカイブしておけば、あとから参照しやすくなります。

2つのウィンドウでメモをまとめると効率的

メモをまとめるときは、まとめ用に新しいノートを作成します。そして、まとめたい元のメモと、新しいまとめ用ノートの、2つのウィンドウを並べて、転記しながらまとめていくと効率的です。

Evernoteのアプリは、通常は1つのウィンドウで完結していますが、ノートの一覧から目的のノートを右クリックして「ノートを別ウィンドウで開く」を選択すると、新しいウィンドウの中にそのノートの編集画面が表示されます。あとはマウスでウィンドウの配置を調整して、2つのノートのウィンドウを左右に並べましょう。

左側には参照用にEvernote本体のウィンドウを、右側には作成するまとめノートのウィンドウを置きます。

複数のノートを1つにまとめるときは、左側のウィンドウのノート一覧を使ってノートを切り替えます。

ノートを共有する

Evernoteユーザー同士なら、ノートを右クリックして「共有」から「ノートを共有」で、相手のメールアドレス（Evernoteアカウント）宛てにノートを送信して共有できます。

Evernoteでノートを共有

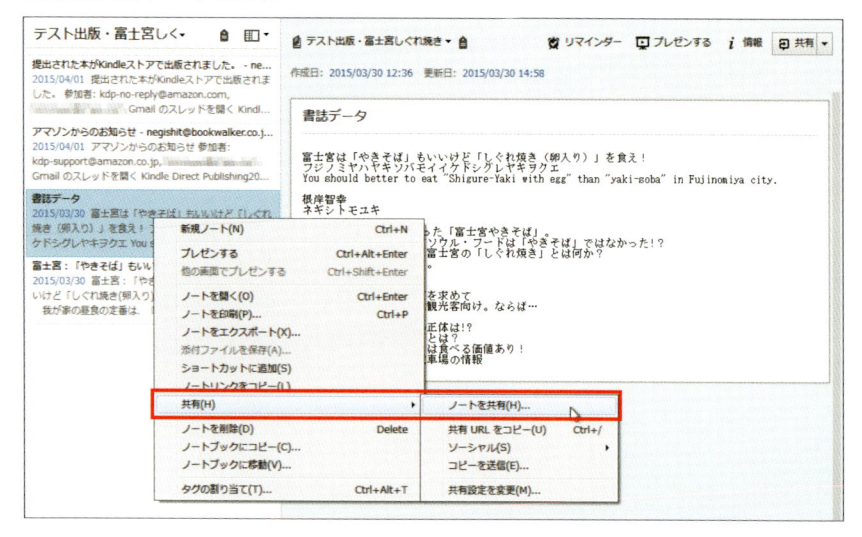

　相手がEvernoteを使っていない場合は、「共有」から「コピーを送信」でノートの内容をメールで送信できます。

Evernoteのノートをメールで送信

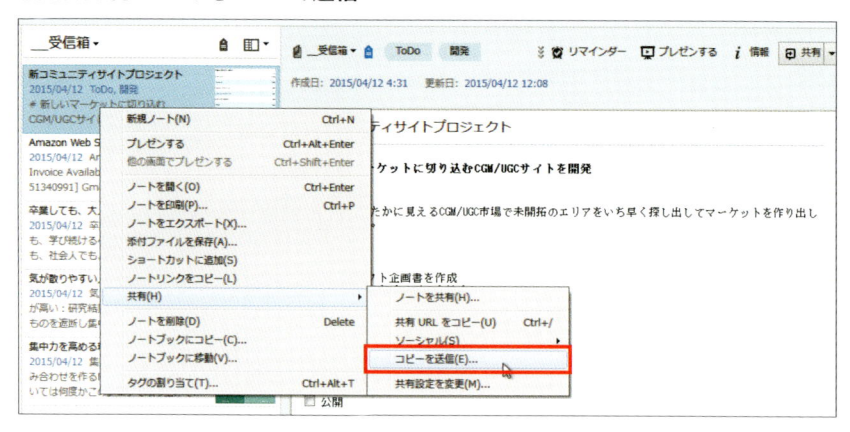

タグを使いこなして検索・分類をスッキリ整理

ノートブックは作業スペース、タグは検索・分類用と考える

　Evernoteには、ノートを分類するための道具として、「ノートブック」と「タグ」の2種類が用意されています。違いは以下のとおりです。

【ノートブック】
　スタックを使って2層まで階層化できる。
　1つのノートは、1つのノートブックにしか紐づけられない。

【タグ】
　制限なく階層化できる。
　1つのノートを複数のタグに紐づけられる。

　ノートブックは複数のノートを入れておく箱のようなもので、タグは付箋やラベルみたいなもの、とイメージすればいいと思います。
　Evernoteはこの2つの使い分けに悩む人が多いのですが、本書では以下のように使い分けます。

　・ノートブック　→　プロジェクトで使用するワークスペース
　・タグ　→　あとから探すための目印的なモノ

　ノートブックは、階層化できないなどの理由で、数が増えると管理が面倒になります。整理の目印として残すなら、タグを使いましょう。

タグを整理する3つのルール

　Evernoteのタグはよくできています。ノートにタグを付けるとき、タグ名を途中まで入力すると、既存のタグ名が自動的に補完されて、候補が表示されます。これを使えば、「似てるけど微妙に違うタグが付いてしまって、あとから検索してもヒットしない」というトラブルを避けられます。検索時も、キーワードがタグ名にマッチすると、そのタグにマッチした中で絞り込み検索もできます。

　ただ、野放図にタグを付け続けると、タグがあふれてしまい、見つけにくくなります。タグの整理・統合はこまめにやったほうがいいでしょう。

　タグ名の整理を行うには、まず以下のいずれかの操作をしてください。

・左サイドバーの「タグ」をダブルクリックする
・メニューバーの「表示」から「タグ」を選ぶ

　すると、現在のタグ名の一覧が表示されます。

　タグ名の横には、そのタグに紐づけられたノートの数が表示されます。以下の3つのルールでタグを整理するようにしてください。

1. **ノート数ゼロのタグは削除する。**
2. **タイプミスでタグ名がまちがっているものは、右クリックして「タグ名を変更」で名称を修正する。**
3. **似たようなタグがある場合は、統合する。**

　たとえば、「iOSアプリ」と「iOS App」というタグがあって、「iOSアプリ」に統一する場合は、以下のようにします。

❶「iOS App」のタグをダブルクリックして、ノートの一覧を表示する。
❷ ノートを全選択して、「iOSアプリ」というタグを追加し、「iOS App」を削除する。

❸ タグ一覧に戻って、ノート数0となった「iOS App」を削除する（右クリック→「タグを削除」）。

タグも受信箱、プロジェクト、アーカイブで整理しよう

　タグは、ドラッグ＆ドロップで別のタグを重ねると階層化されます。ノートブックと違って、無制限に階層化できるのが特徴です。タグを階層の中から出すには、右クリック→「タグを最上位に移動」です。

　この機能を使えば、多数のタグをうまくまとめられます。しかし、まとめるときに「仕事」「趣味」「プライベート」など用途別にまとめると失敗します。ファイルやノートブックと同じように、タグも以下のように「__受信箱」「_プロジェクト」「アーカイブ」で管理することをおすすめします。

・とりあえず新しく作ったタグは「__受信箱」の下に並べておく
・「_プロジェクト」の下には、プロジェクトタグを置く
・過去のプロジェクトは、「_完了」タグを作って、その下に置く
・そのほか資料や記録のタグは、階層化して「アーカイブ」の下に置く

Evernoteのタグの階層化

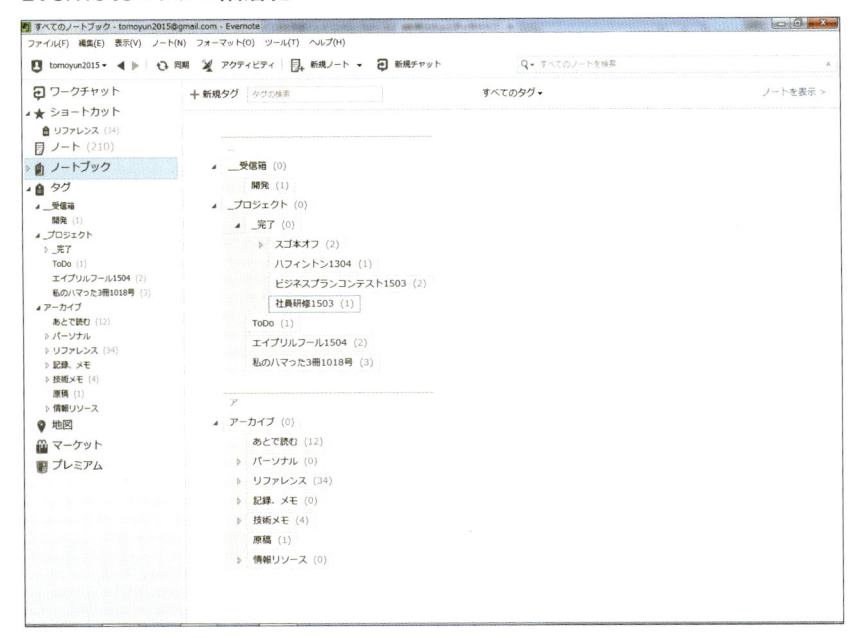

重要な資料には「★」タグをつけておく

　仕事関係の資料をEvernoteに蓄積していくと、同じタグに大量のノートが紐づいてしまい、タグで絞り込んでも目的の情報を見つけるのに時間がかかったりします。筆者の場合は、Webマーケティングや電子書籍関係の資料が大量に貯まっています。

　そこで、重要な資料には「★」タグを付けます。たとえば、Webマーケティングの資料を探すときは、検索欄に以下のように入力します。

tag:★ tag:Webマーケティング

　こうすれば、Webマーケティングのついたタグの中でさらに★タグがついたノートだけに絞り込めます。

タグ検索は、キーワード検索とも併用できます。たとえば、電子雑誌について調べたいときは、以下のように入力して検索します。

電子雑誌 tag:★

★の数で評価を表現するときのコツ

通販サイトやグルメサイトでは、ユーザーが評価情報として★をつけられるようになっています。★の数が1から5までの5段階評価なのが一般的のようです。

Everenote上で読書ノートやグルメ日記を整理する場合、「★1」～「★5」のタグを使ってノートの重要度をランクづけする手もあります。ただ、この★の数は主観的なものなので、今は★4だと思っていても、1ヶ月後には★3だと思うかもしれなく、検索時の手がかりとしては少しあいまいです。仕事の資料に使う場合は、「★」1つだけにするか、せいぜい「★」と「▲」の2段階程度の運用にとどめるべきでしょう。

現在、EvernoteのWebでは新しい外観のものがテスト的に運用されていて、そこでは★を付ける機能が提供されています。今後は、PC版やスマホ版のアプリでも★が標準機能として使えるようになると思われます。

よく参照するリファレンス情報にはショートカットを作る

仕事や生活でときどき参照したくなるメモや情報があります。会社の経費精算のアカウントとマニュアル、プライベートなら銀行の口座番号など、「いつも使うわけではないけど、たまに必要となる」リファレンス的な情報です。そういう情報は、リファレンス用タグを付けてアーカイブに放り込んでおきましょう。

リファレンス用のタグは、「ショートカット」に登録しておきます。ショートカットとは、よく使うノート、ノートブック、タグをすぐ参照できるように登録しておく仕組みです。パソコン版のアプリでは左上に、ス

マホ版では一番上に表示されます。

　たとえば、Web Clipperでクリップしてあとで読もうと思っていた資料には「あとで読む」というタグを付けて、このタグをショートカットに登録しておきます。ノートブックは、プロジェクト用のノートブックでも、アーカイブでもかまいません。

　空き時間ができたときや、仕事に煮詰まったときに、ショートカットの「あとで読む」をチェックして、読み終わったものは「あとで読む」タグを外しましょう。

「あとで読む」タグ

スマートフォンで快適に使うためのコツ

Evernoteのリスクとは

　かつては、外出前にパソコンからケータイへメールで資料や行き先の地図などを送っていました。しかし、Evernoteを使えば、移動中のスマホからでもパソコンで入力したデータにアクセスできるので、そんな苦労もなくなります。

　ただ1つリスクがあるとすれば、同期です。パソコンで入力したデータをスマホで参照するには、スマホがクラウド（Evernoteのサーバ）と同期できている必要があります。

　スマホの記憶容量はパソコンに比べると少ないので、すべての情報がクラウドと同期されているのではなく、必要とされるたびにノートがクラウドからダウンロードされます。もしノートがダウンロードされていないのにデータ通信ができない状態に陥ると、必要な情報にアクセスできません。また、回線が混雑していると、画像データのダウンロードに時間がかかったりします。

オフラインノートでいつでも素早くノートにアクセスする

　このスマホの同期のリスクを解消してくれるのが、「オフラインノート」機能です。有料のプレミアムアカウントのみで使える機能ですが、「オフラインノート」に指定したノートブックを、データ通信が可能なときにあらかじめ同期しておいてくれます。

　ただ、すべてのノートブックを同期するのは時間とスマホの記憶容量のムダ使いになります。そこで筆者は、受信箱（__Inbox）とアカウントのリファレンス用ノートブックをオフラインノートに指定しています。スマホでは複雑な作業をしないので、これで事足りています。

オフラインノートの設定方法は以下のとおりです。

❶ まず有料のプレミアムアカウントに入会しておく。

❶ スマホアプリの左上の歯車アイコンをタップして、設定画面を表示する。

❷ メニューから「プレミアム」→「オフラインノートブック」を選択する。

❸「選択したノートブックをダウンロード」をタップする。
❹ 表示されたノートブックの一覧から、受信箱やリファレンス用ノートブックを選ぶ。

column

タグはスマホでオフラインに指定できない

　オフラインノート機能に対応しているのはノートブックだけで、タグで指定することはできません。オフラインで確実に参照したい情報は、専用のノートブックを作って入れておき、そのノートブックをショートカットに登録しておいてください。

第7章

アイデアや課題を効率的に整理する

頭の中のもやもやを
スッキリまとめるには

アウトラインプロセッサを使いこなそう

「課題があって、知識もあるのに、それをレポートや計画にまとめようとすると、うまくいかない……」

そんなとき、頭の中のもやもやをスッキリまとめて一本化できるツールが「アウトラインプロセッサ」です（英語では「outliner」）。たとえば、「東京のカレー屋分布」というレポートを書くとき、カレーの種類を整理するとします。

```
東京のカレー
（本文）
インドカレー
（本文）
    北インド系
    （本文）
    南インド系
    （本文）
タイカレー
…
```

こんな風に、情報を階層化して整理するのがアウトラインプロセッサの役割です。アイデアを練る道具として、マインドマップというツールが人気ですが、マインドマップもグラフィカルなアウトラインプロセッサの一種だといえます。

アウトラインプロセッサは、階層を作れるだけでなく、項目を自由に入

れ替えたり、階層の深さを変えたり、下の階層を折り畳んで表示を省略することで、全体の見通しを良くしたりできます。

　テーマを決めて、頭に思い浮かぶキーワードを書き出していきます。いくつかランダムに書き出すと、傾向別にキーワードのグループ分けが可能になります。グループを作ったら、それぞれを掘り下げたり、子トピックを増やしていくことで、アイデアを単なる思いつきから、実現性のある企画や構想に育てることができます。

Wordをアウトラインプロセッサとして使う利点と難点

　最も身近なアウトラインプロセッサは、ワープロソフトのWordです。「表示」を「アウトライン」にすると、Tabキーで階層構造の深さを設定したり、行頭の＋マークをクリックして章を折り畳んだり、マウスで位置を入れ替えたりできます。

　WordはWindowsでもMacでも使えるので、ファイルの互換性を気にする必要がないのが利点です。しかし、アプリとして重いのが難点です。アイデアを練る道具としてのアウトラインプロセッサは、さっと立ち上げて、素早く処理を行えることに意味があります。

EvernoteやGoogleドキュメントを簡易アウトラインプロセッサとして使う

　そこで、普段使っているEvernoteやGoogleドキュメントをアウトラインプロセッサ的に使う方法があります。どちらも、「箇条書き」（リスト）の装飾機能があります。各項目の行頭に黒丸を表示して、リストとして見栄えを良くしてくれます。

　階層の整理もかんたんです。箇条書きの状態でTabキーを打つと、タブ1つ分右に移動し、表示レベルが深くなります。逆に、表示レベルを浅くするときは、Shift+Tabで左に移動します。さらにEvernoteは、スタック→ノートブック→ノートという3階層の入れ子構造も含めて、アウトライン

プロセッサ的に使用できます。

　ほかにも、「ほかの人と作成したドキュメントを共有できる」というメリットがあります。

Evernoteの箇条書きによる簡易アウトライン

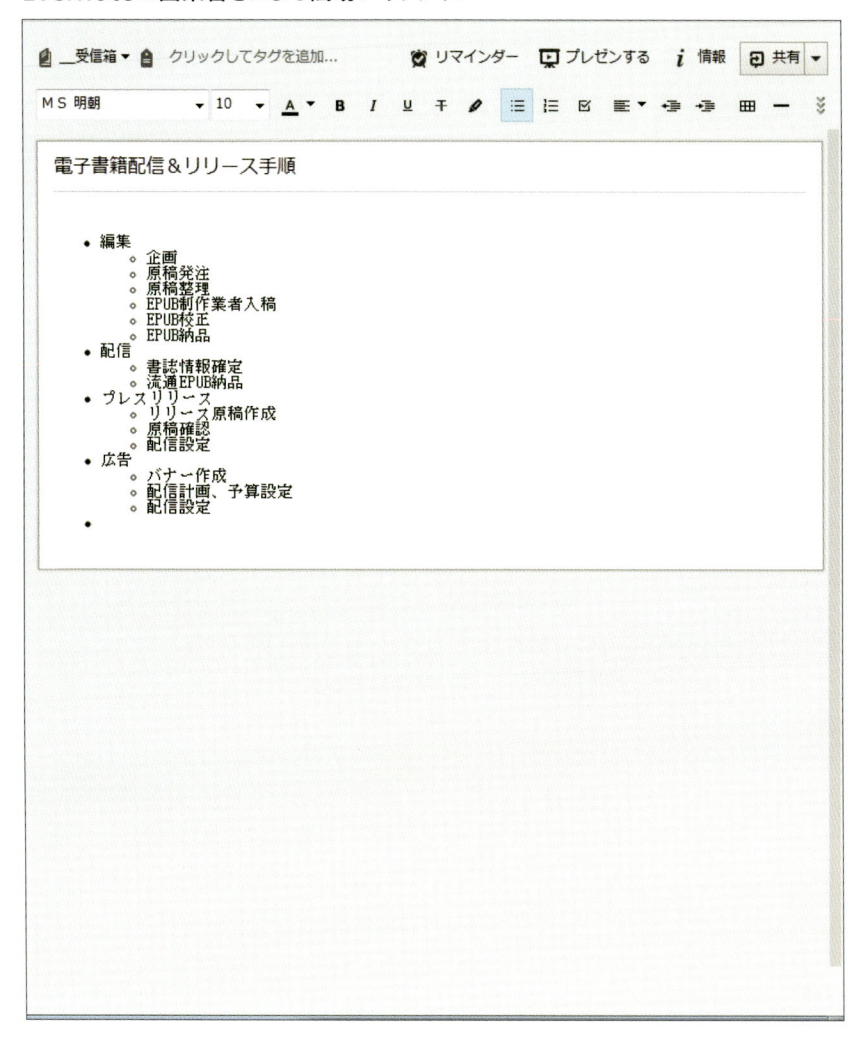

Googleドキュメントの箇条書きによる簡易アウトライン

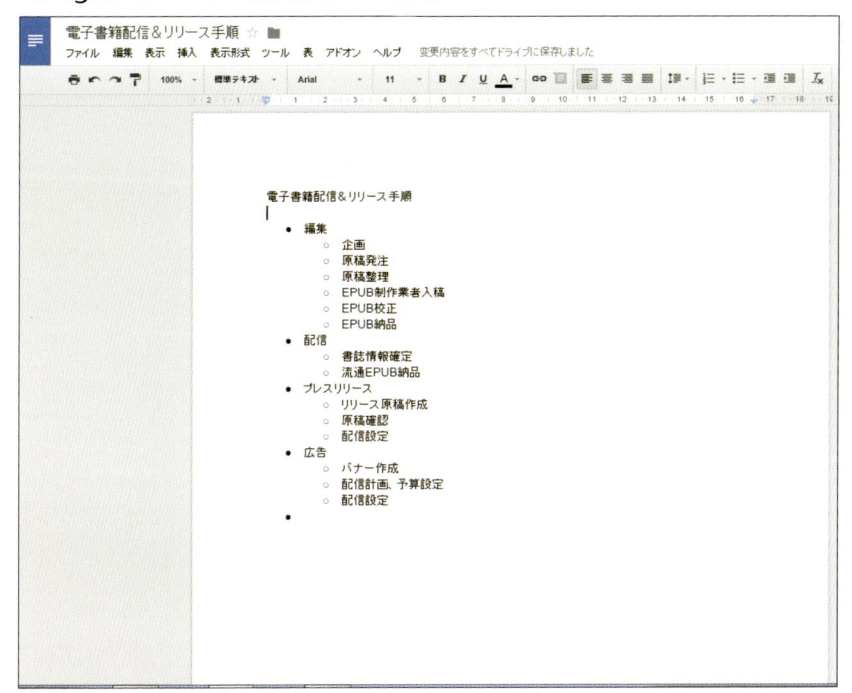

本格的にアイデアを整理するにはWorkFlowyで

　EvernoteやGoogleドキュメントは、項目数が20〜30個程度なら十分使えます。しかし、本格的なアウトラインプロセッサと違って、ブロックごとに折り畳んで表示することはできません。、

　本格的にアイデアを整理したいときに使いたいのが、ブラウザ上で利用できる「WorkFlowy」です。一般的なアウトラインプロセッサとほぼ同じように使えますが、以下のような特徴があります。

WorkFlowyの基本画面

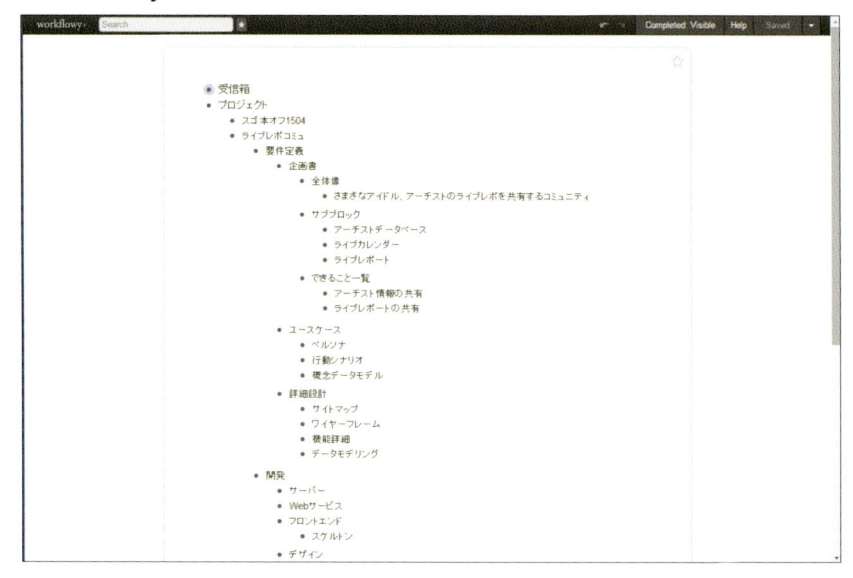

巨大な1つのアウトラインを小分けにして使う

　WorkFlowyでは、1人のユーザーは1つのアウトラインしか持てません。しかし、アウトラインは無限に階層化できます。
　また、ズーム機能によって特定のトピックの下の階層だけ表示できます。これにより複数のアウトラインを作成・管理できます。
　アウトライン構造は、そのままジャンル分けにも使えます。

個々のトピックが固有のURLを持つ

　アウトライン内で階層化したそれぞれのトピックには、固有のURLがあります。よく使用するトピックをWebブラウザでブックマークするほか、URL（＝トピック）ごとに公開して共有したり、共同編集できます。

ハッシュタグをつけて検索できる

　TwitterやFacebookで話題の共有に使うハッシュタグ（#のあとにキーワードをつけたもの）をトピックに付けると、ハッシュタグで検索できま

す。これによって、異なるアウトラインに属したトピックをまとめて扱うことができます。

検索結果にもURLがある

個々のトピックにURLがあるように、キーワードやハッシュタグで検索した結果にも固有のURLがあって、あとから参照できます。Webブラウザベースなので、作業中のトピックのURLをブックマークしておけば、途中で作業が中断しても、あとから素早くトピックを開けます。

スマホでも快適に使える

WorkFlowyには、iOS用とAndroid用のアプリが無料で提供されています。日本語を入力すると少し表示が乱れることもありますが、既存のスマホ用アウトラインプロセッサと比較しても使いやすいUIで、Web版との同期も速く、PCとスマホの両方でシームレスにアイデアを構築できます。

無料で書き出せるトピックは250個まで

WorkFlowyは無料でも利用できますが、新規のトピックが毎月250個までと制限されます。ほかのユーザーを招待すると＋250個、自分が招待に応じると＋250個となります。毎月250個だとすぐに上限に達してしまいますが、500個使えるとだいぶ変わってきます。

有料プランは年間49ドルなので月500円弱ですが、それも厳しいと感じるならば、この招待機能を利用して、使えるトピック数を増やしましょう。

有料プランはDropboxに同期できる

有料コースである「WorkFlowy Pro」では、月間トピック数が無制限になるほか、Dropboxへの自動保存が可能になります。設定画面でWorkFlowyのDropbox連携をオンにすると、Dropboxの「Apps¥WorkFlowy」というフォルダにOPML形式（アウトラインプロセッサの共通フォーマット）のファイルが保存されます。

WorkFlowyでアイデアを整理するための基本

WorkFlowyは、以下のURLからメールアドレスとパスワードを登録するだけで、すぐに使えます。

https://workflowy.com/

登録したら、例によって、受信箱、プロジェクト、アーカイブの3つのトピックを作成しましょう。

アイデアは受信箱へ

とっさに思いついたとりとめのないアイデアは受信箱に入れておいて、ときどき中身を見て整理します。

思いついたアイデアがすべて使えるわけではないので、見直しても先がなさそうなアイデアはアーカイブの下に「没アイデア」というトピックを作って、その下に移動します。

実現に向けて掘り下げてみたいアイデアは、プロジェクトの下に移動して、アイデアを掘り下げていきます。

筆者は、WorkFlowyに出逢う前はEvernoteにアイデアの断片を書きためていましたが、1行のアイデアに1つのノートを使うのは効率が悪く、1枚のノートに複数の無関係なアイデアを蓄積するのではうまく整理ができず、スッキリしない状態でした。アイデアの断片をWorkFlowyに記録することで、これが解決しました。

プロジェクトでアイデアをまとめたり掘り下げたりする

アイデアをまとめたり掘り下げるのは、「プロジェクト」トピックの下に、

各プロジェクト別のトピックを置いて行います。そのトピックをズームした状態で、どんどんアイデアを展開し、整理します。

アイデアが形にまとまったら、トピックを書き出します。WorkFlowyは以下の3種類の形式で書き出せます。

【Formatted】

ワープロ的に装飾されたアウトラインのリストです。Wordなどに貼り付けて、タイトルなどを付けて印字するのに向いています。

【Plain text】

装飾ではなく、半角スペースと行頭に「-」（ハイフン）を付けてインデントさせた、プレーンテキストによるアウトラインのリストです。筆者は、Evernoteに保存するときにはこの形式にします。

【OPML】

「OPML」はアウトラインプロセッサの標準形式です。テキストエディタで.opmlの拡張子をつけて保存すると、各種アウトラインプロセッサや「Scrivener」などの長文執筆ソフトに読み込むことができます。

トピックの書き出しは、以下の手順で行います。

❶ 1つ上の階層のトピックに戻る。
❷ 書き出したいトピックの行頭の黒丸の上にマウスカーソルを置く。
❸ プルダウンメニューが表示されるので、「Export」をクリックする。
❹ 書き出しウィンドウが表示されるので、「Formatted」「Plain text」「OPML」の3つから選んで、キーボードで Ctrl + C （Macでは Command + C ）を押す。
❺ テキストエディタやEvernoteに貼り込んで保存する。

完了したトピックはアーカイブへ

　完了したプロジェクトトピックは、アーカイブの下に移動します。「プロジェクト」トピックの下にあるのは、常にアクティブなプロジェクトだけにしておきます。あとから必要になったら検索機能で探せばいいのです。

　進まないで止まってしまったトピックは、「アーカイブ」の下に「ペンディング」というトピックを置いて、そこに移動しましょう。

　これで、アクティブなプロジェクトだけに集中できます。

WorkFlowyに受信箱・プロジェクト・アーカイブを置く

- 受信箱
- プロジェクト
    - スゴ本オフ1504
    - 企画・ライブレポコミュ
    - 私のハマった3冊1504
    - テスト出版・富士宮しぐれ焼き
    - ベンチャー・マインド
    - ネタとアイデア
    - ソーシャルメディアの未来
- アーカイブ
    - エイプリルフール1504
    - 社員研修1503
    - 新規ビジネスプラン1503
    - スゴ本オフ@歴史
    - スゴ本オフ@男と女

アイデアや課題を
上手に整理するコツ

階層を作るときは粒度にこだわる

　アウトラインプロセッサでアイデアや課題を分割し、整理するときに気をつけたいのが、トピックの粒度です。分割したトピックは同じレベルのものが並ぶようにしてください。

　たとえば、「町おこし」について考えてみましょう。以下は、トピックの粒度がうまくそろってない、未整理の状態です

　　町おこし
　　ロックフェス
　　スポーツ大会
　　マラソン大会
　　特産物
　　パワースポット
　　神社

以下のように、だいたい同じレベルのトピックが並ぶように意識しましょう。

　　町おこし
　　　イベント
　　　　音楽フェス
　　　　ロックフェス
　　　　アニメ音楽フェス
　　　　伝統行事、祭り
　　　　参加型イベント

            マラソン大会
            大食い大会
    ...
        特産物
            農産物
            加工食品
            手工業品
    ...
        名所
            パワースポット
    ...

　また、トピックを分割するとき、第一階層や逆に結論や目的に近い階層は3つの選択肢に分割すると、あとでまとめやすくなります。

ブレーンストーミングではとにかくメモして、あとから書き写す

　1人でアイデアを練るときだけでなく、チームでブレーンストーミングした結果をまとめるときも、アウトラインプロセッサが威力を発揮します。

　まず、メンバーの発言をアウトラインプロセッサで箇条書きにしていきます。関連性がある発言はインデントしてぶら下げていき、新しい話題になったら階層レベルを0に戻します。

　これを会議中にリアルタイムにやってもいいですが、階層構造に意識をとられると書き忘れが生じたりします。筆者はホワイトボードに書きまくってスマホで写真をとって保存しておきます。ホワイトボードがないときは、手書きのメモかEvernoteなど手近な道具を使います。これらを会議後にWorkFlowyを使って整理し、最後はEvernoteやGoogleドキュメントなどに保存、共有しています。

アイデアや課題のリストを共有するには

WorkFlowyでアウトラインを共有する4つの方法

　思いついたアイデアや課題をWorkFlowyに書き出したあと、最終的なアウトプットにまとめる前に、アウトラインの階層ツリー状態で関係者にレビューしてもらうのも1つのやり方です。WorkFlowyには、アウトラインを共有する4つの方法があります。

❶ 公開共有（ログイン不要で公開する）
- 閲覧のみ → URLを知るすべての人がアウトラインを見ることができるが、編集はできない
- 編集可能 → URLを知るすべての人がアウトラインを見るだけでなく、編集もできる

❷ 限定共有（共有相手にWorkFlowyのアカウントが必要）
- 閲覧のみ → メールアドレスで指定したWorkFlowyユーザーだけがアウトラインを見られる
- 編集可能 → メールアドレスで指定したWorkFlowyユーザーだけがアウトラインを見たり、編集できる

　限定共有で指定したメールアドレスの持ち主がWorkFlowyのアカウントを持っていなくても、メールが届いた時点でユーザー登録すれば、アウトラインを見ることができます。
　なお、限定共有は有料アカウントでのみ可能です。

受信箱を共有フォルダにする

　「自分は有料アカウントだけど、ほかのユーザーが無料アカウント」という場合は、自分の受信箱フォルダを相手とシェアしておきます。無料アカウントのユーザーは、自分が作ったアウトラインをあなたの受信箱に入れれば、あなたとシェアすることができます。

❶ 共有したいアウトラインの先頭の黒丸の上にマウスカーソルを置くとメニューが表示されるので、「Share」を選ぶ。

❷ **表示された画面で設定を行う。**

・Via a secret shared link → 公開
・Privately to specific email addresses → メールアドレス指定による限定共有

公開相手に編集を許す場合は「edit」、閲覧のみ許可の場合は「view」を選びます。

アウトラインからアウトプットへつなげる方法

アウトライン化したリストを表にまとめる

　アウトラインプロセッサは、雑多なアイデアを系統別に整理したり、思考を掘り下げるのに便利ですが、それをそのまま同僚や上司、顧客に見せるのは乱暴すぎます。作った側からは整理されているように見えても、受け取る側からすれば読みにくく、理解しにくい資料だからです。

　アウトラインという整形されていないリストを資料として見やすくするには、表にまとめるのが一番です。ここでは、WorkFlowyのアウトラインを、Googleスプレッドシートの表にして共有する手順を紹介します。

❶ 共有したいアウトラインの先頭の黒丸の上にマウスカーソルを置くとメニューが表示されるので、「Export」を選ぶ。
❷ 書き出し画面で、「Plain text」を選択し、Ctrl+C（Macなら Command+C）でリストをコピーする。

❸ テキストエディタにリストを貼り付け、一括置換を使って、以下の操作を行う。
- 半角スペース2つをタブ1つに変換
- 「-」（半角ハイフン）を削除

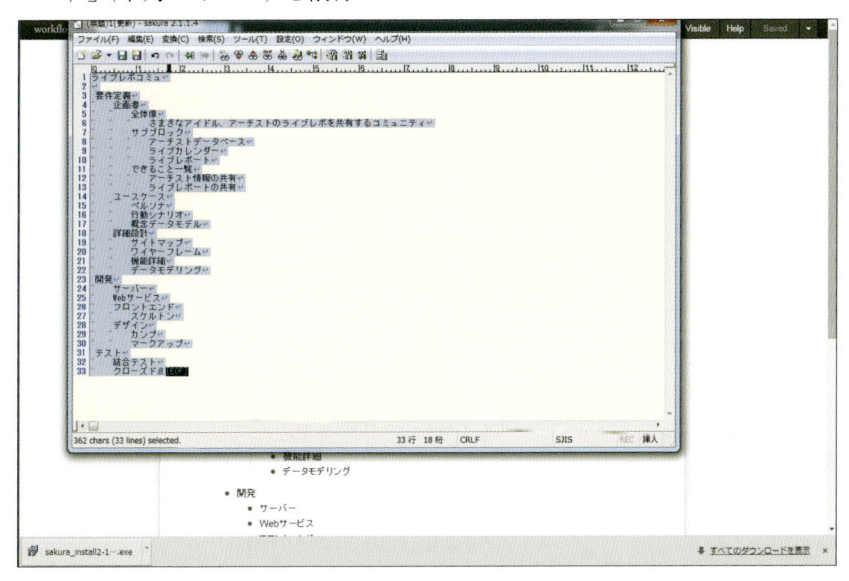

❹ 変換したリストを、再び Ctrl + C（Mac なら Command + C）でコピーし、Google スプレッドシートに貼り付ける。

❺ タブがセルに置き換わって、階層を保ったままアウトラインがスプレッドシートに貼り付けられた状態になる。

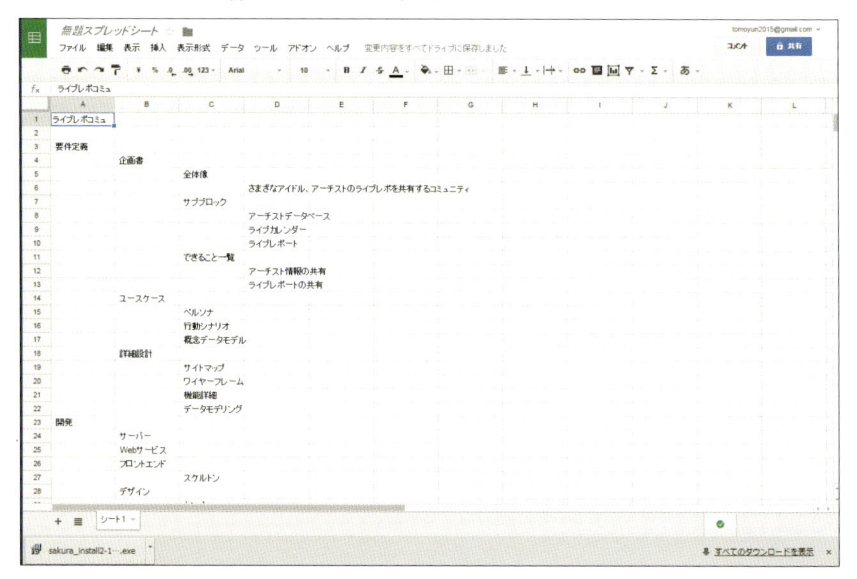

　以上の手順で、アウトラインを表に貼り付けられました。あとは、表を見やすく整形してから、オンラインで共有したり、印刷して提出したりしてください。

Googleドキュメントにペーストして作業する

　アウトラインプロセッサを利用する目的の1つに、「長い論文やレポートを、論理構造の破綻なく書き上げる」というものがあります。その点、WorkFlowlyはアイデア出しと整理には向いていますが、長い文章執筆をサポートするのには向いていません。
　そこで、WorkFlowyで整理したアイデアは、Googleドキュメントにペーストして、長文執筆環境に持っていきましょう。

❶「アウトライン化したアイデアリストを表にまとめる」の項（P.246）でGoogleスプレッドシートにペーストしたのと同じテキストデータを、Googleドキュメントにペーストする。
❷ ペーストしたテキスト全部を選択し、以下のいずれの方法で、箇条書きの書式を適用する。
　・メニュー「表示形式」-「リスト」-「箇条書き」
　・ツールバーの「箇条書き」アイコン

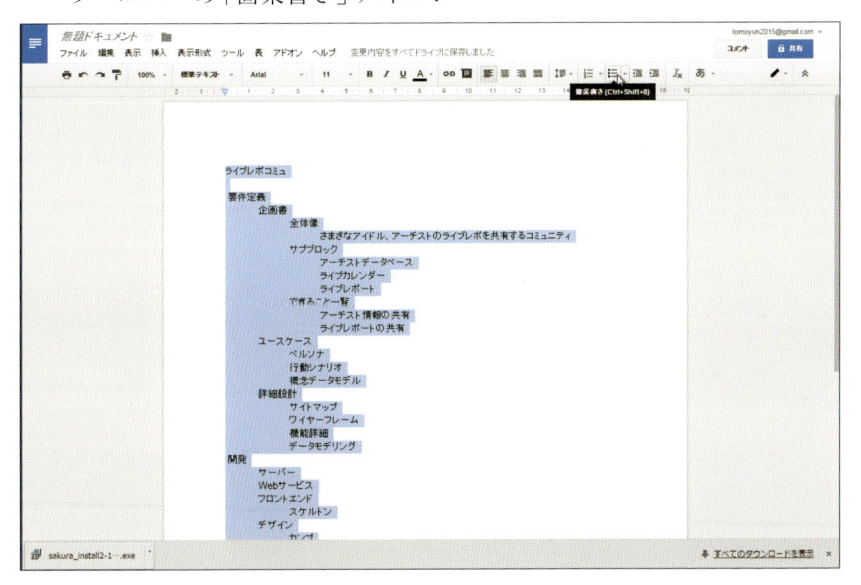

❸ P.233「EvernoteやGoogleドキュメントを簡易アウトラインプロセッサとして使う」で紹介した簡易アウトラインプロセッサ状態になる。

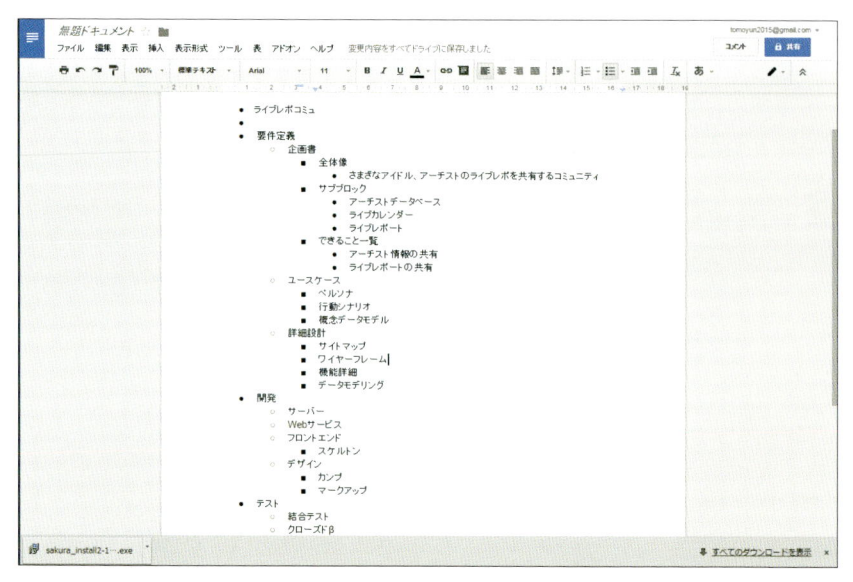

　これらの箇条書きを整理して、章や小見出しを設定して、本文を執筆します。

OPMLの読めるアウトラインプロセッサを使う

　WorkFlowyは、「OPML」というアウトラインプロセッサの共通フォーマットで書き出せます。本格的に執筆するときは、ほかのアウトラインプロセッサにOPMLを読み込んで使うという手があります。代表的なものは以下の3つです。

1. OmniOutliner

　MacおよびiPad、iPhone用に提供されている有料の定番アウトラインプロセッサです。単体でもワープロに近い編集や表現の機能があります。

　Wordのアウトライン形式でも出力できるので、OPMLをWord文書に変換するツールとしても使えます。

2. Scrivener

　MacおよびWindows用に提供されている、論文や小説など長文の執筆を目的とした有料のアウトライン型ワードプロセッサです。OPMLを読み込み、WordやHTML、PDF、EPUBなどの形式で書き出せます。

3. BEITEL

　Windows、Mac、Linuxで利用可能なアウトラインプロセッサです。OmniOutlinerに似た機能を持ち、単独で簡易ワープロとして使用できるほか、Evernoteにアウトラインを保存できるプラグイン（BEITELアプリ）も用意されています。2015年5月現在、無料で公開されています。

　http://beitel.carabiner.jp/

　なお、WorkFlowyからOPMLへの書き出しは、Plain textと同じようにコピーし、テキストエディタやメモ帳にペーストして、拡張子「.opml」で保存します。

第8章

大量の情報を効率的に収集し、整理する

効率よく検索するための
4つの基本

情報収集の基本は検索

　仕事に限らず、生きていくのに一番キホンとなるのは情報の収集です。

　出かけるとき、どんな移動手段を使って、何時に出発すればいいのか？
　どんな服装で、何を持って行けばいいのか？
　打ち合わせか、セミナーや勉強会か、それとも交流会や飲み会か？

　ただなんとなく行って、なんとなく参加する人もいるでしょう。でも、事前にしっかり準備しておけば、失敗がないだけでなく、より多くのモノを得られるかもしれません。
　何かを買ったり発注先するときにも、相手を選んだり、量や種類を決めたり、常にいろいろな選択肢があるものです。それに対して、前例やまわりの意見を聞くことも大切ですが、加えて常に最新の情報をキャッチして、より良い選択肢を知っておくことが大切です。
　そのためには、しっかりと事前に情報収集をしたうえで、比較検討と取捨選択をしていきたいものです。
　世の中のすべての情報がネットにあるわけではありませんが、それでも大概の情報はネットに掲載されています。Googleのような検索サービスを使えば、その中から自分が必要な情報を探し出せます。
　ただ、ネットに掲載されている情報はあまりに膨大です。Googleは、その膨大な情報の中から有益なものを見つけ出して表示してくれる、一種の人工知能のようなサービスですが、ただ単にキーワードを1つ入れて検索しただけでは、すでに陳腐化した古い情報が検索結果の上位に表示されたり、名前は同じでも関係ない項目が表示されることがあります。そうならないように、以下の検索テクニックを試してみてください。

1. 複合語や文章で検索する
2. 検索対象期間を指定する
3. 検索対象Webサイトを指定する
4. 英語で検索する

複合語や文章で検索する

たとえば、「ノート」で検索すると、文房具なのか、クルマの名前か、ノートパソコンなのか、音楽用語か、わかりません。音楽で使われる「ノート」の意味が知りたいときは、以下のように検索すれば、すぐに目的の情報にたどり着けます。

　　音楽　ノート　とは

このように、ジャンル名や「とは」や「意味」を併用するのは、基本中の基本です。
　また、以下のように文章で検索するのも有効です。

　　音楽におけるノート

検索対象期間を指定する

Googleは「古いページほど信頼性がある」とする傾向があります。そのため、検索結果が古くてすでに陳腐化していることがよくあります。
　最新の情報を得るためには、「検索ツール」をクリックし、「期間指定なし」を「1年以内」などと変更し、期間を指定します。特に最新のニュースについて知りたいときは「24時間以内」にします。

期間を指定

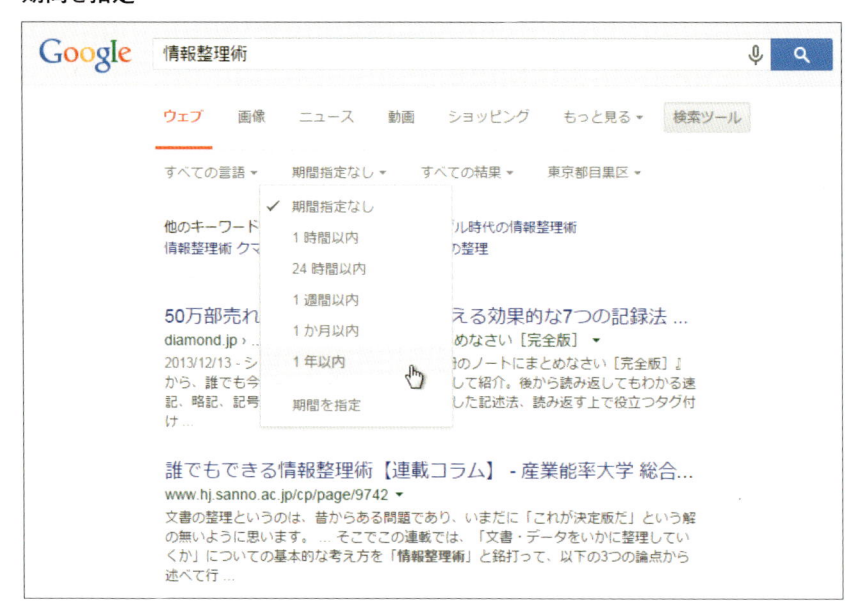

検索対象Webサイトを指定する

　Googleでは、特定のサイトに掲載された情報だけを検索できます。たとえば、「アベノミクス」について書かれたハフィントンポストの記事を探したいときは、以下のように検索します。

site:huffingtonpost.jp アベノミクス

　Googleは非常に賢く、さらに複合語や対象期間を加えることで、ハフィントンポストの検索機能では見つけにくい記事も探せます。

英語で検索する

　技術系の話題で、かなりニッチな情報を探すときは、日本語の情報が見

つからない場合もあります。そういうときは、英語で探してみましょう。英語が苦手でも、検索に使う文章をGoogle翻訳で英訳して検索し、検索結果もGoogle翻訳で日本語に直せば、なんとかなる場合もあります。なにより、情報がゼロよりは、ちょっとでもあったほうがはるかにマシです。

ページめくりを減らして
時間と手間を節約する

オートページャーを利用する

　Googleの検索結果は、広告を除けば、1ページにつき10件が初期設定となっています。そのため、そのままの状態では、検索結果の最初の100件を全部見るためには、ページを10回めくらなければなりません。この検索結果のページをクリックしてめくる作業が何度も続くと、肩が凝るし時間もかかります。

　それを解消してくれるのが、オートページャー系の拡張機能です。この拡張機能を使うと、Webページの一番下までスクロールすると自動的に次のページが読み込まれて、前のページの下に表示されます。複数のページからなるコンテンツをまるで1枚の長大なページのようにスクロールダウンするだけで読めるのです。マウスのスクロールホイールと組み合わせると、クルクルとホイールを回すだけでページがどんどん表示されて、ラクちんです。

　オートページャー系拡張機能は「AutoPager」が定番だったのですが、2014年6月ごろからなぜかChromeウェブストアでの配布が停止されてしまいました。現在は、よく似た「AutoPagerize」という拡張機能があって、ほぼ同じように使えます。

http://autopagerize.net/

　オートページャーは、Googleの検索結果リストだけでなく、1つの記事が複数のページに分かれたニュースサイトを読むときや、ブログで同じタグが付いた記事をまとめ読みするのにも役立ちます。

　自動ページングがうまく動作しないときは、1度少しスクロールを上に戻してから下に引くと動作する場合もあります。

複数ページを読み込ませてからページ内キーワード検索

ChromeなどWebブラウザに備わっているページ内検索機能は、意外と使えるものです。以下のようにすると、サーチボックス（検索欄）が表示されます。

- Windows → Ctrl + F
- Mac → Command + F

サーチボックス

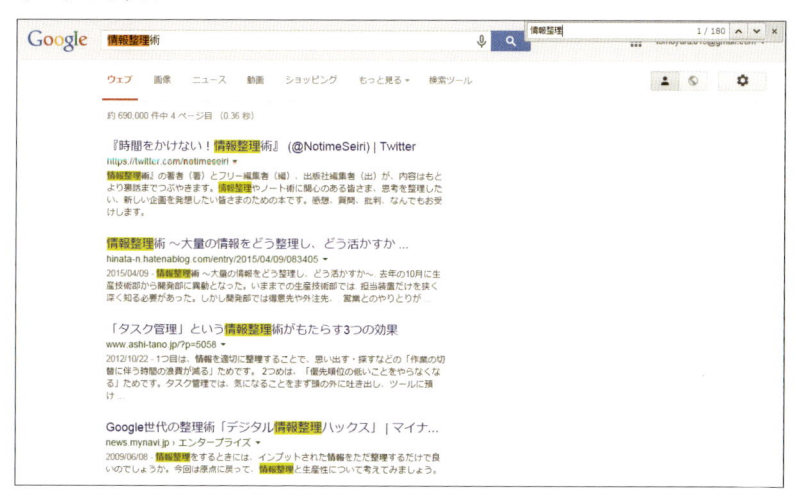

そして、キーワードを入れて Enter キーを押すと、ページ内の該当キーワードがハイライトされます。また、該当キーワードが何件あるかも表示されます。

オートページャーで、検索結果を調べたり記事をまとめ読みするときも、スクロール中に一度見過ごした内容を再度確認したいことがあります。そういうときも、スクロールバックして内容を目で追うのではなく、Webブラウザの検索機能を使うと効率的です。

検索して得た情報は
どのように保存すればいいか

「Googleで検索で見つけた情報をどう保存するか？」

そんなことで悩んだ経験はないでしょうか。
　昔はなんでもブックマーク（お気に入り）に保存しましたが、ブックマークの場合、自分が必要とする情報がWebページのタイトルと一致しないことが多く、あとから探したり、引用が面倒という問題がありました。
　そこで使いたいのが、Evernote Web ClipperというChromeの拡張機能です。

https://evernote.com/intl/jp/webclipper/

　これを使うと、表示中のWebページの内容を2クリックで自分のEvernoteに保存できます。
　インストールすると、ChromeのツールバーにEvernoteの像の横顔アイコンが表示されます。保存したいWebページを見つけたら、このアイコンをクリックします。

Evernote Web ClipperでWebページを保存する5つの方法

　Webページの保存方法は5種類あります。

1. 記事
2. 簡易版の記事
3. ページ全体
4. ブックマーク

5. スクリーンショット

記事
　Webページには、ほかのページへのリンクや広告など、記事とは直接関係のない情報もたくさん含まれています。それらを省いて、本文の記事部分だけ自動的に検出して、クリップの対象にしてくれます。

簡易版の記事
　Webページには独自の装飾や書体が設定されていますが、それらを取り除いて、本文のテキストと写真や図だけを抽出して、クリップの対象にしてくれます。あとで読み直したり引用するときに大変便利な機能です。情報収集が目的なら、このモードで使いましょう。

ページ全体
　サイトのロゴや広告なども含めたWebページ全体を表示イメージそのまま保存したいときは、こちらを使います。

ブックマーク
　Webページの中身は不要で、とりあえずサイト名とURLだけEvernoteに収集したい場合に使います。

スクリーンショット
　Webページによっては、Web Clipperによる保存がうまくできないこともあります。そういう場合は、スクリーンショット機能を使って、Webページの一部または全部を画像として保存します。

「簡易版の記事」モードで保存したところ

オプション指定でより便利に

　WebページからBの情報収集に威力を発揮するEvernote Web Clipperですが、オプションを指定することで、より便利に使うことができます。

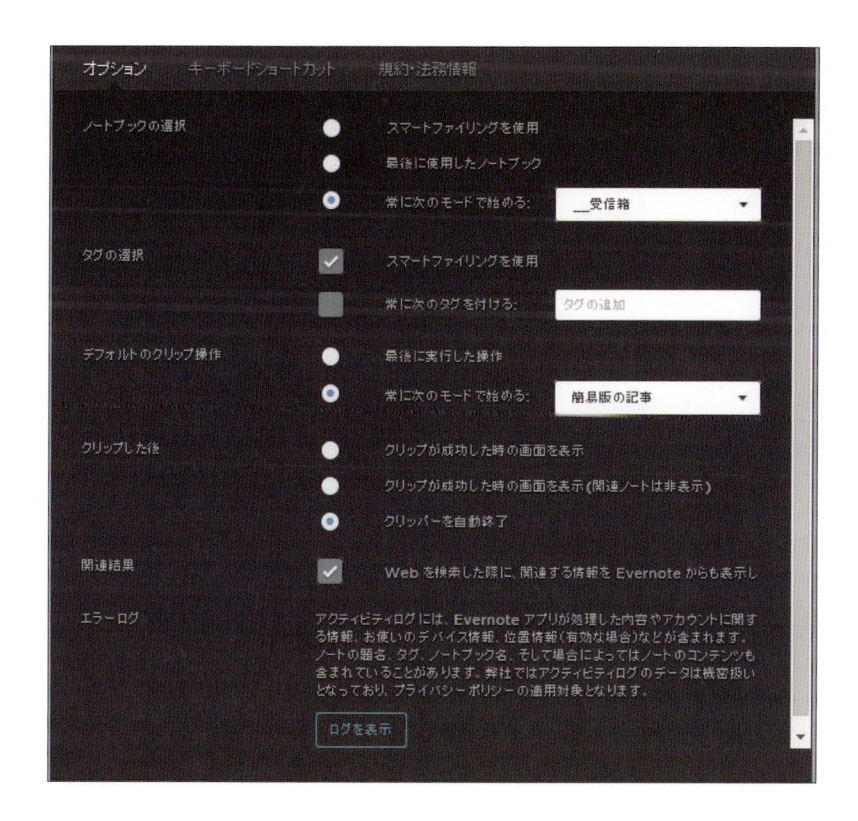

ノートブックの選択
　クリップしたWebページを保存するノートブックを指定できます。

　・スマートファイリングを使用
　→保存するノートブックを自動的に選択してくれます。

・最後に使用したノートブック
　→前回クリップを保存したノートブックを選択します。

　・常に次のモードで始める
　→常に同じノートブックに保存します。保存時に変更もできます。

　筆者のおすすめは、「常に次のモードで始める」にして、受信箱のノートブックを指定しておくことです。いつも受信箱に保存し、受信箱を整理する習慣をつけておけば、保存したはずのノートが見つからないようなことも避けられます。

タグの選択
　・スマートファイリングを使用
　→クリップする記事の内容に合わせて、自動的にタグが付けられます。

　・常に次のタグを付ける
　→デフォルトで付けるタグを指定しておけます。

　この2つは両方とも選択できますが、筆者は「スマートファイリングを使用」だけ使っています。タグは自分で整理するときにも付けますが、自動で付いていればあとから検索するときの手がかりにもなるからです。

デフォルトのクリップ動作
　・最後の実行した操作
　→最後に実行したモードでクリップします。

　・常に次のモードで始める
　→デフォルトのクリップ動作を指定できます。筆者はここで「簡易版の記事」を指定しています。

クリップした後

- クリップが成功した時の画面を表示
→完了後に、クリップしたノートをWebブラウザ上で開けます。また、関連性がありそうなノートの候補も表示されます。

- クリップが成功した時の画面を表示（関連ノートは非表示）
→完了後にクリップしたノートをWebブラウザ上で開けますが、関連ノートは表示されません。

- クリッパーを自動終了
→クリップ後、そのままWebブラウザの通常の表示に戻ります。筆者はこれを設定しています。素早く次の作業に移れるからです。

関連結果

- Webを検索した際に、関連する情報をEvernoteからも表示
→GoogleでのWeb検索の際に自動的に自分のEvernoteの中も検索してくれます。オンにしておくと、役立つ情報が見つかることもあります。

以上をまとめると、おすすめの設定は次のようになります。

- ノートブックの選択　→　常に受信箱ノートブックに
- タグの選択　→　スマートファイリング
- デフォルトのクリップ動作　→　簡易版の記事
- クリップした後　→　自動終了
- 関連結果　→　Web検索時にEvernoteも検索する

タブ表示を使いこなして情報を一気に収集する

タブを使った情報収集の流れ

　昔のWebブラウザは、1つのウィンドウ内に1つのWebページしか表示できませんでした。複数のウィンドウを開けば複数のページを同時に表示できましたが、いくつもウィンドウが重なると、混乱してどこに目的のページがあるかわかりにくくなります。

　そこで、1つのウィンドウ内に複数のページを表示して、「タブ」という見出しで切り替えられるようになりました。現在では、Chromeだけでなく、IEなどほとんどのWebブラウザでタブ機能が使えます。この機能を使って、検索結果の中から本当に役に立つ情報を探し出しましょう。基本的な流れは以下のとおりです。

❶ 興味のあるリンクをタブで開く
　Googleで検索結果が表示されたら、めぼしいリンクを片っ端から右クリックして、「新しいタブで開く」をクリックします。ウィンドウの一番右端に新しいタブが表示され、そこにリンク先のページが読み込まれます。
　リンクをタブで開く度にどんどん右側にタブが追加されていきます。

❷ 気になるリンクを開き終わったら、開いたタブを左から1つずつクリックして中身を確認していく。
❸ 目的にあった情報があれば残し、関係がなければタブを閉じる。
❹ 残ったタブを見比べて、情報が重複しているものは消していく。
❺ 最後に残ったタブを、Evernoteにクリップする。
❻ Evernoteの受信箱を開いて、きちんとクリップされているか確認する。

テーマに合わせたノートブックを作ってそこに移動したり、タグを付けて整理します。

❼ **Chromeに戻って、用が済んだタブを閉じる（ウィンドウごと閉じる）。**

Chromeのタブを使いこなす7つのテクニック

　Chromeのタブには便利な機能がたくさんあります。それらをうまく使いこなせると、作業効率が大幅に上がります。

タブをドラッグで移動して整理する

　タブの表示位置は、マウスでつかんでドラッグすることで、自由に変えられます。これで重要なタブを左に集め、とりあえず開いておいているタブは右に寄せるなどして、タブを整理しましょう。

Chromeのタブを移動する

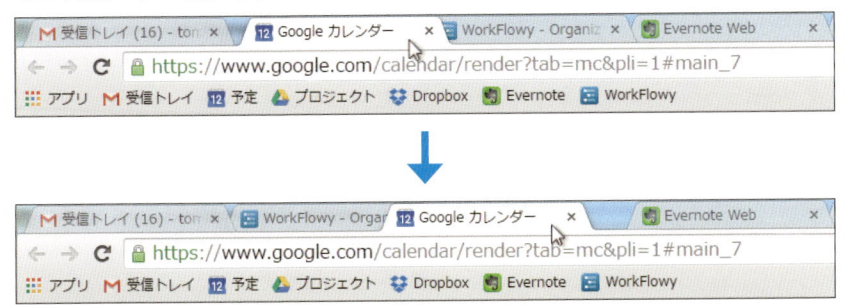

タブを別のウィンドウに分離する

　2つのタブの内容を比較したいときは、片方を別のウィンドウにして、両方をいっぺんに開いて見比べましょう。

　片方のタブをマウスでつかんで、ウィンドウの外にドラッグすると、新しいウィンドウが開いて、その中にタブが表示されます。

Chromeのタブを分離する

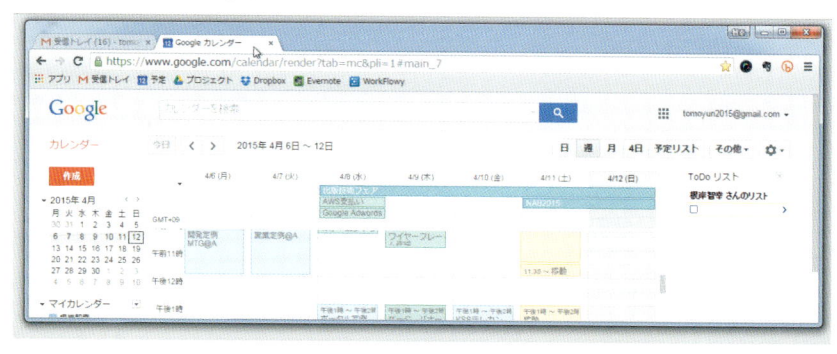

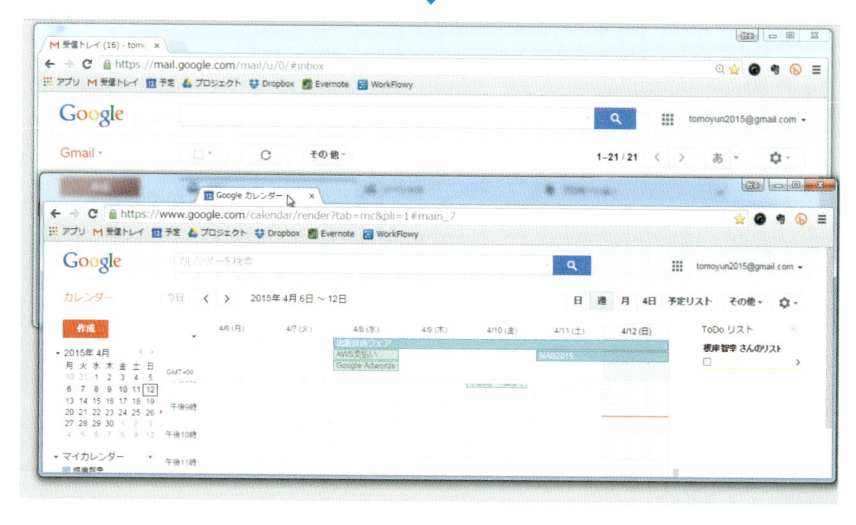

(画面が広いときは、ウィンドウは上下ではなく、左右に並べたほうが効率的に見比べられます)

複数のウィンドウのタブを移動して整理する

　タブは、分離だけでなく、ウィンドウ間の移動や統合もできます。タブをマウスでつかんで、別のウィンドウにドロップするだけです。

右側のタブを閉じる

たくさん開いたタブを1つ1つ閉じるのは面倒です。そこで、右側に寄せた不要なタブを一括して閉じてしまいましょう。閉じないで残すタブの上で右クリックし、「右側のタブを閉じる」とするだけです。

Chromeの右側のタブを閉じる

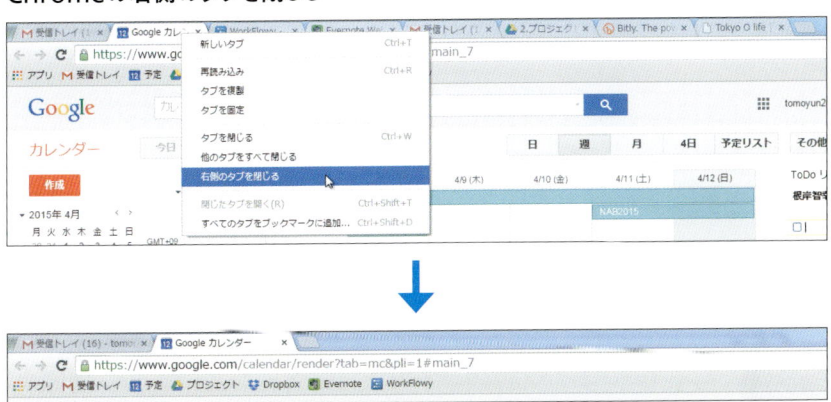

タブを固定する

GmailやGoogleカレンダーなど、日常的によく使うWebサービスは、固定表示にしましょう。タブを右クリックして「タブを固定する」を選ぶと、タブの横幅が縮んで、アイコン表示のみの表示になります。これなら、開きっぱなしでも邪魔にならないし、クローズボックスがないのでうっかり閉じてしまうこともありません。さらに、次回起動したときには固定したタブが再現されます。

Chromeのタブを固定

ショートカットキーでタブを選ぶ

ウィンドウ内のタブを選ぶとき、いちいちマウスでクリックするのではなく、ショートカットキーを使って素早くやりましょう。

- Windows → 左のタブから順番に Ctrl + 1 ～ Ctrl + 8 で選択
- Mac → Command + 1 ～ Command + 8
  ※ Ctrl + 9 (Command + 9) は、一番右側のタブを選択

GmailやGoogleカレンダーのタブは左側に固定しておいて、Ctrl + 1 や Ctrl + 2 で選択するように習慣づけましょう。

閉じたタブやウィンドウを復活させる

たくさんのタブを一気に閉じていると、本当は残したいタブまで閉じてしまうことがあります。そのときは、残ったタブの上で右クリックして「閉じたタブを開く」を選ぶと、直前に閉じたタブが復活します。

ウィンドウごと閉じてしまったときも、Shift + Ctrl + T (Macは Shift + Command + T) で、ウィンドウが復活します。

重要な情報を見失わないようにする

　調子に乗って追加の調査を繰り返すと、大量のタブとウィンドウが残って、どれが重要なタブなのか見失ってしまうこともあります。また、調べ物の途中で急ぎの要件が入って、いったんタブを閉じる必要が出てくるときもあります。そんなとき、どうすればいいでしょう？

開いているタブをすべてブックマークする

　1つの方法が、現在開いているタブを全部いっぺんにブックマークに登録するChromeの機能を使うことです。使う手順は以下のとおりです。

❶ 開いているタブの1つを選び、右クリックする。
❷ 「すべてのタブをブックマークに追加…」をクリックする。
❸ 保存ダイアログが表示されるので、ブックマークを保存するフォルダ名を入力する。
❹ ブックマークマネージャを開くと、指定のフォルダにブックマークが保存されている。

　しかし、情報の保存場所はなるべくEvernoteに統一したいところです。

OneTabでタブをリンクリスト化し、Evernoteにクリップする

　そこで便利なのが、「OneTab」というChromeの拡張機能です。

　https://chrome.google.com/webstore/detail/onetab/chphlpgkkbolifaimnlloiipkdnihall

これを使うと、ウィンドウ内の開いているタブを1つのタブ内にリンクリストとしてまとめられます。手順は以下のとおりです。

1. 複数のタブが開いている状態で、OneTabのアイコンをクリック。
2. 開いてるタブがすべて閉じ、代わりに「OneTab」というタブに、いままでの各タブのURLがリンクリストの形で保存される。
3. 「Share as web page」というリンクをクリックする。
4. ❸のタブと同じ内容で、「OneTab shared tabs」というタブが開く。
5. Evernote Web Clipperのアイコンをクリックし、「ページ全体」を選択して、「保存」をクリックする。
6. Evernoteのノートとして保存されるので、適切なタイトルやタグ、ノートブックを選択する。

　Evernoteに保存することで、ほかの関連情報と一緒にノートブックに保存して、あとで再利用がしやすくなります。
　OneTabは便利ですが、Chromeの起動が遅くなる傾向があるので、必要がないときは拡張機能の設定画面で「有効」のチェックボックスをオフにしてください。

Webブラウザの履歴から情報を掘り起こす

　調べものでWebページを大量に漁っていると、うっかりブックマークやクリップを忘れてしまうことがあります。また、そのときは重要と思わなくても、数日後に「そういえば、どこかのページで見た気がするけど、URLもタイトルも思い出せない」なんてことがあります。
　また、Webブラウザの履歴は、「必要なものが見つけられない」ことがよくあります。複数のウィンドウやタブを同時にいくつも開いているためと、記憶のあいまいさから、「見たはず」のページが見つからないのです。
　そんなときに役に立つのが、Chromeの拡張機能「Better History」です。

https://chrome.google.com/webstore/detail/better-history/obciceimmggglbmelaidpjlmodcebijb

Better Historyをインストールすると、Chromeの履歴表示が拡張されます（Macでは Command + Y で起動）。Chromeで見たWebページが、日付と時間順にきれいに並んで表示されます。また、検索フォームで履歴をキーワード検索することもできます。

Better History

さらに、GoogleアカウントでChromeを同期させている場合は、ほかのPC、Mac、iOS、AndroidのChromeで見た履歴も一緒に表示されます。

履歴を残したくない場合は、ドメイン単位で一括削除できます。

紙と上手につきあう

紙の利点と欠点とは

　仕事の効率を下げる原因の1つが、紙資料の存在です。仕事の依頼資料や発注書や稟議書、企画書、会議資料など、次から次へと紙の資料が貯まっていきます。紙の資料には、以下のデジタル機器にはない利点があります。

　・閲覧しやすいので比較検討が容易
　・ペンで情報を追記できる

　筆者の周囲では、会議のとき資料は紙に印刷せず、プロジェクターで済ませる人が多いのですが、筆者自身はなるべく紙に印刷して配布するようにしています。
　一方で、紙には以下のような欠点があります。

　・検索できない
　・データを引用（コピーペースト）できない
　・場所を取る
　・メールで気軽に送れない

　なので、受け取った紙の資料は極力デジタル化して、あとは捨てています。過去の紙資料はほとんど残していません。

紙データを捨てる方法

　紙データのほとんどは、そもそも不要です。「あとで必要になるかも」と

残して積んでおいても、まず見ることはありません。筆者はメモを書き込んだ資料以外は、だいたい2、3日でシュレッダー行きです。

資料に書き込んだメモは、必ず見直してEvernoteに転記しながら整理します。整理が終わったら、これもシュレッダーです。忙しくて打ち合わせが続くとメモ入りの資料が貯まっていくので、どこかで時間を作って整理します。

ときどき、「これは保存版」と思える素晴らしい資料に出会うことがあります。そういうときは、スキャナでPDF化して残します。

column

プリンタを買うならADF複合機

「パソコンは持っているけど、プリンタは持っていない」

今はそんな人も多いようです。なんでもネットで済む時代なので、わざわざ紙に印刷する機会が減っているのでしょう。

しかし、プリンタはあれば便利なモノです。現在は1万円台で購入できる家庭用のプリンタにもスキャナ機能がついたものがあり、コピー機としても使えるからです。我が家では、仕事だけでなく、子どもの学習や遊び、ＰＴＡその他の作業にも役だっています。

もしプリンタを買うならば、ADF付きの複合機を買いましょう。ADF（オート・ドキュメント・フィーダー）とは、複数の原稿を連続して読み取る仕組みのことです。これを使えば、20枚くらいの資料でも手軽にPDF化できます。

昔は高級なビジネス向け機種にしかついていませんでしたが、現在は前述の1万円台で買えるお手頃な製品にもついています。最近のADF付きの複合機はWi-Fi接続にも対応しているので、PDF化した資料をワイヤレスでパソコンに蓄積できます。これらの低価格複合機の中には、自動的にEvernoteやDropboxに保存する機能を持った製品もあります。

また、最近は会社のオフィスに導入されている大型の業務用複合機にもADFスキャナが搭載されています。これも資料のPDF化、ペーパーレス化に役立てましょう。

名刺は「Eight」で効率的に管理

インターネットとスマホの普及でビジネスのコミュニケーションは大きく変わりましたが、1つだけ変わらないものがあります。それは名刺です。

いまは一度メールやSNSでつながってしまえば、あとで名刺を参照することも減りましたが、名刺交換しただけの人に突然連絡をとりたくなったとか、電話や郵送をする用事ができたとき、慌てて名刺を探すなんてことがあるのではないでしょうか？

そんなとき、名刺をデジタル化しておけば一発で検索できますが、たまにしか使わない名刺のデジタル化の手間は極力省いておきたいものです。

幸いなことに、名刺をスマホのカメラで撮影するだけでデータベース化できるアプリやサービスがいろいろあります。

▼名刺をスマホのカメラで撮影してデータベース化

　おすすめなのが、「Eight」というサービスです。基本機能は無料で利用できる名刺SNSで、以下のような特徴があります。

・人間のオペレータによるほぼ完璧なデータ入力
・スマホからでもPCからでもデータの検索と編集が可能
・名刺交換した双方がEightに名刺を登録すると、Eight上で自動的にリンクされる

　この最後のリンク機能がEightの最大の魅力です。Eightではユーザー登録時に自分の名刺を登録しておくのですが、リンクされた相手の名刺が異動や転職で新しくなると、自分が登録した名刺も自動的に更新されます。
　また、Facebookと連動させることで、Facebook上の友達とオンラインで名刺交換できます。筆者の場合、Facebookで知り合ってからビジネスの

付き合いが始まることもあるので、この機能も役に立っています。

Eight

---

column

名刺は機械認識と人力入力、どちらがいいか?

　名刺アプリには、大きく分けて2つのタイプがあります。

1. 名刺データを自動認識するタイプ
2. 名刺データをオペレーターが入力してくれるタイプ

　1.は、OCRと言われるコンピュータの文字認識技術を利用したものです。最近はかなり精度が上がっていますが、それでも完璧というわけにはいかず、確認作業が必要です。

2.は、人間のオペレータが認識して入力するので精度はほぼ完璧ですが、データ入力に数時間から数日かかります。
　人によってどちらのタイプが望ましいかは変わりますが、筆者はデータ化をそれほど焦らないので「Eight」を利用しています。
　Eightでは、登録したデータをまとめて出力するには、月額480円の有料プランに入る必要があります。ただ、実際に出力したくなることはたまにしかないので、無料で使い続け、必要に応じて有料にすればいいと思います。

アンケート調査と集計を
スマートにやる

Googleフォームを活用する

　情報収集というのは、本やネットニュースからすでにまとめられたデータを集めるだけではなく、自分の手でオリジナルのデータを収集しなければならないときもあります。そんなとき便利なのが、Googleフォームを使ったアンケート調査です。

　Googleドライブで「フォーム」を作成すれば、GUIでアンケート調査フォームをかんたんに作成できます。設問には、選択式、複数選択式、3段階や5段階の評価、自由入力など、Webアンケートに必要な形式がひととおり用意されています。

Googleフォームでアンケート作成

アンケートを作成したら、URLをメールやメッセージアプリで送って回答を依頼します。GoogleフォームのURLは長いので、短縮URLにして送るといいでしょう。

たくさん回答を集めたい場合は、賞品をつけて懸賞サイトで募集するという手もありますが、ネットに関心が高い人が大勢いる分野なら、TwitterやFacebookで拡散するだけでもけっこう集まったりします。

Googleフォームで作ったアンケート画面

集計も自動でできる

　アンケートの回答は、Googleスプレッドシートに自動的に記録されます。集計についてもほとんど手間なしの自動集計機能があります。

　アンケートフォームの編集画面で「回答」→「回答の概要」を選択するだけで、現在の回答が自動的に集計されます。選択肢や複数選択肢は表とグラフとして表示され、自由入力は一覧となります。

　これだけで十分という場合もありますが、筆者は集計結果をKeynoteやExcelに転記して、より詳細な分析レポートを作成しています。

Googleフォームで自動集計

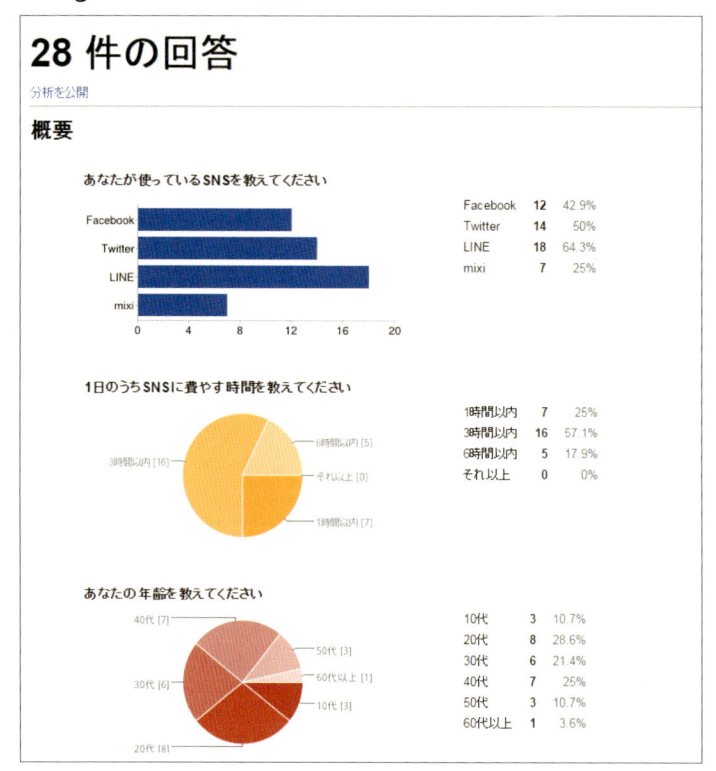

地図や連絡先はパソコンで調べ、スマホで持ち歩く

　Googleマップのおかげで道に迷うことがなくなりました。しかし、不慣れな場所だと現在地と方向がわからず、スタート時に試行錯誤が必要だったり、雨が降って傘を差しているとGPS衛星をうまく認識できず正確にナビゲーションされないときもあります。時間に余裕がないと余計に焦るので、慣れない場所へ行くときは万全の準備をしましょう。

あえて動かない地図を使う

　筆者がよくやるのは、あらかじめパソコンのGoogleマップで場所を表示し、ちょうどいい大きさで地図を画面キャプチャして、Evernoteのノートに貼り付けておくことです。念のため、地図のノートと一緒に、住所や電場番号、担当者名や部署名も貼っておきます。
　それをオフラインノート化してスマホやタブレットに転送しておけば、地図を見ながらたどれます。アナログなやり方ですが、便利で確実です。

道順をテキスト化する

　さらに万全を期すには、以下のように道順をテキスト化します。

　　地下鉄A4出口を出て目の前の交差点を左折
　　直進して交番のある交差点も直進
　　XX銀行のある角を右折し、「YY橋」渡って直進
　　2つめの交差点の手前にある「ZZビル」の7階

　テキスト地図なら、まず迷いません。自分の会社の位置を知らせるときも、訪問者にテキスト地図をメールしておきます。

FacebookやTwitterで出会った情報を再利用する

「フロー」の情報を「ストック」に

　FaceboookやTwitterなどのSNSは、非常に優秀なビジネスツールになります。人脈を築いたり、連絡をとったり、情報収集をするのに使えます。

　Facebookは実名を使ったSNSで、基本的にリアルで知り合った人同士がつながるツールですが、仕事や業界の懇親会などで知り合った人とつながることで、自然と自分の仕事に関係した情報を投稿し合うようになります。

　Twitterはもっと幅広いネットだけのバーチャルな関係を広げるツールですが、こちらも仕事や趣味関係の情報を発信すると、同じ分野に興味を持つ人が集まって、フォローし合うことで仕事関係の情報を得られます。

　最近はGunosy（グノシー）やSmartNews（スマートニュース）など、コンピュータのアルゴリズムでユーザーの好みに合わせたニュースを配信するサービスも人気がありますが、TwitterやFacebookは以下のことから、仕事において非常に有用なサービスだと思います。

- 友人・知人の関心というフィルタを通してニュースが流れてくる
- 一般的なニュース記事だけでなく、ブログや動画、企業ホームページも流れてくる
- ディスカッションによって知識を深められる

　ただ問題は、これらのSNSで流れてくる情報は放っておくと流れ去ってしまう「フロー」であることです。これを再利用可能な「ストック」として保存する方法を見てみましょう。

「ツイエバ」でツイートを1日分ごとにEvernoteに保存する

Twitterへの投稿（ツイート）をEvernoteに保存する、「ツイエバ」というサービスがあります。

http://twieve.net/ja

ツイエバにTwitterアカウントでログインし、「Connect Evernote」のボタンを押して連携を許可すると、以後、Evernoteの指定のノートブックに1日分のツイートが1つのノートにまとめて保存されます。これでツイートを、ほかのノートの情報と一緒にキーワードで検索できます。

筆者は、Evernoteの「アーカイブ」スタックの中に、「Tweet」というノートブックを作って、そこに保存しています。

ツイートに含まれるURLをはてなブックマークに保存する

ツイエバは1日の投稿のすべてをノートにまとめますが、ツイートに含まれるURLだけを残したいなら「はてなブックマーク」を使いましょう。はてなブックマークは、気になるURLをクラウドに登録する「ソーシャルブックマーク」というサービスで、以下からユーザー登録できます。

http://b.hatena.ne.jp/

ユーザー登録ができたら、以下のようにしてください。

❶ メニューの「設定」→「Twitter」で、Twitterアカウントをはてなブックマークのサービスに登録する。
❷ 「Twitterからブックマークを追加」という欄で、「Twitterからブックマークを追加する」にチェックを入れる。

❸ 「ツイート形式」で「全ての URL を含むツイートをブックマークに追加する」を選ぶ。

はてなブックマークの場合、自分がツイートしたURLにほかの人が関心をもっているか、どう考えているかがわかるのも利点です。

Facebookへの投稿はTwitterに転送しよう

　ツイエバもはてなブックマークも、Twitterにしか対応していません。Facebookの投稿を保存するには、FacebookからTwitterへ投稿を転送するようにします。
　まず、以下にアクセスします。

　https://www.facebook.com/twitter/

　そして、Twitterのアカウントを接続すれば、以後、Facebookへの公開投稿（友達限定ではない）が自動的にTwitterに転送されます。
　注意していただきたいのは、公開範囲を友達限定で投稿できる

Facebookに対して、Twitterでは投稿がすべての人から見えることです。それでは困るなら、Twitterの設定画面の「セキュリティとプライバシー」で「ツイートを非公開にする」を選択します。以後は、許可された人だけがあなたのツイートを見られます。
　ツイート非公開でも、ツイエバの転送機能は使えます。そのため、Facebook→Twitter→Evernoteという経路で、投稿を保存できます。

電子書籍・電子雑誌で情報収集を効率的に

　2012年に、楽天koboとAmazon Kindleが相次いでサービスを開始し、日本にも本格的な電子書籍の時代が到来しました。現在は、20を超える電子書店が独自のサービスを競い、大手出版社では紙と電子の同時発売も増えてきました。

電子書籍の3つのメリット

　情報収集の手段として本を読むなら、紙よりも電子書籍のほうが便利で効率的です。電子書籍には、以下のようなメリットがあります。

持ち運びに便利である

　スマホ、タブレット、電子書籍端末などがあれば、分厚い本を何十冊、何百冊でも気軽に持ち運べます。
　また、「混雑した電車ではスマホで」「空いているときはタブレットで」「家や会社ではパソコンで」というように、読書環境を途中で切り替えられます。

価格が安い

　一部の電子書籍は、紙よりも安い価格で販売されています。また、電子書籍には紙のような再販売価格維持制度がないため、値引き販売が可能です。そのため、数十パーセントも安くなるバーゲンセールが頻繁に行われたり、シリーズものの1巻が無料で販売されたりしています。資料用にたくさんの本を買う必要があるときは助かります。

辞書や検索など、多彩な読書支援機能がある

　一部の電子書籍ビューワーには国語辞典や英和辞典が内蔵されていて、わからない言葉をその場で調べられます。また、文字列検索や複数のしお

りを付けられる機能、メモを書き込める機能などもあります。本を情報源として使う場合、これらの機能が役立ちます。

パソコン版電子書籍ビューワーで効率的に作業ができる

　2015年になって、待ち望まれていたAmazon KindleのWindows版とMac版の電子書籍ビューワーが日本語に対応しました。これによって、Kindleの電子書籍をパソコンで読めるようになりました。筆者は27インチの大画面のiMacと、さらに外付けモニタを使ってKindleの電子書籍を参照しながら、EvernoteやWorkFlowyにメモをとっています。著作権保護のため、残念ながら電子書籍の文章をコピー＆ペーストすることはできませんが、視線の移動が少なく、一組のキーボードとマウスで電子書籍とEvernote／WorkFlowyを操作できるので、紙の書籍やタブレットの電子書籍からメモをとるよりはるかに効率的で、肩が凝ることもありません。

　楽天koboなど、ほかの電子書店のパソコンビューワーも同様に使えますが、なかには著作権保護のためにほかのアプリと併用できないものもあるので注意しましょう。

　余談ですが、マンガとラノベに強い電子書店BOOK☆WALKERのビューワーもPCとMacに対応しており、大画面で読むと迫力があったり、読みやすかったりしておすすめです。

電子雑誌の読み放題サービスを活用しよう

　かつて、趣味や仕事の情報源の主役は雑誌でした。ある程度専門的な情報やニッチな情報を手軽に得られるようにコンパクトにまとめた雑誌の記事は、Webサイト全盛の現在も、変わらず魅力的です。

　ただ紙はかさばるので、携帯性や保存性において、電子メディアに劣ります。また、Webの情報の大半が無料で取得できるため、1冊数百円の雑誌は相対的に割高に感じられてしまいます。

　そんな紙の雑誌の弱点を克服した画期的なサービスが、電子雑誌の読み

放題です。月額300円から600円弱で、男性誌や女性誌、趣味の専門誌、ビジネスや経済誌まで幅広いジャンルに渡って、有名な数十から100を超える雑誌を自由に読むことができます。

　2015年5月現在、電子雑誌の読み放題サービスのおもなものには、以下の3つがあります。

- dマガジン（NTTドコモ系）
- ビューン（ソフトバンク系）
- ブックパス（au）

筆者はdマガジンを利用しており、その特徴は以下のとおりです。

- NTTドコモのユーザーでなくても使える（月額400円）
- 無料試し読み期間が31日間と長め
- 収録雑誌数が130誌以上で一番多く、さらにどんどん収録雑誌が増えている
- 雑誌ごとではなく、「経済・ビジネス」や「IT・デジタル」など、テーマごとに雑誌を横断して読むこともできる
- 気に入った記事を100点まで保存しておけるクリッピング機能がある

　dマガジンはスマホでも利用できます。筆者は4インチのiPhone 5sでも使用しています。もっとも、画面は大きければ大きいほど快適なのも事実で、普段は7インチのAndroidタブレットか9.7インチのiPadを使っています。特にiPadは、紙の雑誌と近い感覚で読めます。

電子雑誌で注意したい3つのこと

　とても便利な電子雑誌ですが、以下の点には注意する必要があります。

データの転送量が多い

　雑誌はフルカラーで写真を多用したものも多いため、データの転送量が多くなりがちです。通信の転送量の制限を気にせず使えるよう、Wi-Fiで通信するほうがいいでしょう。

収録誌のすべての記事が読めるわけではない

　dマガジンに収録されているのは、雑誌のすべての記事ではありません。記事の大半が収録されている雑誌もありますが、特集記事ですら一部しかない雑誌もあります。

　これは、各雑誌の方針によるものです。まずは無料試し読みで、自分が読みたい雑誌がどの程度収録されているのかを確認しましょう。

記事を永久保存できるわけではない

　dマガジンの収録誌は、長いもので1年、短いものでは過去1号分までバックナンバーが読めます。

　記事の表示画面をスクリーンショットを撮って残すことも技術的には可能ですが、dマガジンの利用規約には「対象コンテンツの全部または一部を複製、改変、改ざん（中略）してはならない」とあるので、利用規約違反となります。

　ただ、雑誌の記事は「生もの」でどんどん古くなっていくので、あまり保存に拘る必要はない人には便利なサービスだと言えるでしょう。

目視ミスとストレスを減らすために、大画面や2画面を導入しよう

　画面の大きさと作業効率には、大きな関連性があります。ある会社で古い小さな液晶モニタで仕事をしている人がミスを連発していたので、大型のモニタに変更させたところ、ミスが減って仕事も速くなり、本人もビックリしていました。

　また、知り合いの弁護士の女性は、彼氏に無理矢理2台目のモニタを導入させられたのですが、「あまりの作業効率の違いにビックリした」と驚きをFacebookに書き込んだところ、「そんなの当たり前だ」「僕なんか3台使っている」などというコメントが相次いでいました。

　New York Timesの記事によれば、デュアルモニタ（2画面）は20%〜30%効率がアップするそうです。1日2時間残業している人は2画面にすれば定時に帰れるはずです。

　かくいう筆者も、20年の間に7つの会社を渡り歩きましたが、どこへ行っても自前の大画面モニタを持ち込んで、2画面で仕事をしてきました。おかげでかなり楽に効率良く仕事ができました。

大画面モニタは広い机で仕事するのと同じ

　なぜ、大画面モニタや複数モニタは作業効率が上がるのでしょう？

　それは紙書類の整理をするとき、広い机で作業するとラクなのと同じことです。ある手引き書を見ながら書類を作るとき、もしくは2つの書類の違いを見分けるとき、左右に並べれば見比べるのもラクですが、並べるスペースが狭くて重なってしまうと、入れ替えながら見ることになるので、見まちがえなどが生じて、とたんに効率が落ちます。

　パソコンで作業するときも、画面が狭くてウィンドウを切り替えながら作業すると効率が落ちます。効率を上げるためには、以下の2つの条件が不可欠です。

- 書類の1ページ分がスクロールせず見渡せる大きさにウィンドウを開く
- 同時に使う複数のウィンドウは、重ならないように配置する

しかし、これは画面が狭いとほぼ不可能です。

時給で換算すれば、あっという間に元がとれる

作業効率を上げるためには、できれば24インチ以上、最低でも21インチクラスのモニタを使うのが望ましいです。

「そんなのにお金をかけるのがもったいない」

と言う人もいますが、24インチモニタは1万5000円も出せば買えます。もし平均月収30万円の人なら、数時間分の残業代で買える値段です。その値段で、毎日1～2時間の効率アップがあれば、あっという間に元がとれます。仕事のミスが減り、生産性が上がれば、給料や会社の業績が上がる可能性も高まります。非常に安価な投資だと言えるでしょう。

モニタを買い替えられないときは、サブモニタを導入する

モニタを買い替えられないなら、USBで接続できるサブモニタが1万円台から手に入ります。「USB　液晶ディスプレイ」で検索してみましょう。

また、iPadやAndroidタブレットをパソコンのサブモニタにできる製品として、「Duet Display」「Air Display」「iDisplay」などのソフトウェアがあります。これらは、パソコン側とタブレット側の両方にアプリを入れて、ケーブルや無線LANで通信して、サブディスプレイ化するものです。

これらを使って、サブ画面にWebブラウザやメールを表示し、メイン画面で作業するなどの工夫をすれば、作業効率アップが期待できます。

第9章

コミュニケーションを整理してチームでの共同作業を効率化する

共同作業に最適なツールを使おう

クラウドが本領を発揮するのは、チームで共同作業をするとき

　IT機器とインターネットの普及で、ホワイトカラーの仕事の効率は飛躍的に高まりました。連絡手段1つとっても、電話とファックスがメールやWebに置き換わったことで、時間と場所に縛られずに、効率的に動けるようになりました。一方で、チームや組織での仕事については、メーリングリストによる情報共有や、グループウェアによるスケジュール調整に留まっている人が多いのではないでしょうか。

　じつは、クラウドサービスが本領を発揮するのは、チームで共同作業をするときです。協同で資料を作ったり、意志の統一をしたり、プロジェクトの進捗を管理したり —— そういったときに、無料のクラウドサービスだけでも、さまざまな効率の改善を図れます。

Excelでファイルを共有するデメリット

　会社で年賀状の宛先リストを共有する場合、どうしていますか？
　昔からよくあるのは、社内サーバにExcelのファイルを置いて、各自がそこに書き込むやり方です。いつも使っているExcelなので新しい知識や専門知識が不要であるというメリットがありますが、一方で次のような問題があります。

同時に編集できない

　Excelを社内サーバで共有したときの最大の問題は「ロック」です。だれかがExcelを開いていると、別の人はExcelを開けても書き込むことができません。だれかがワークシートを開いて、更新して、閉じるのを忘れると、

ほかの人が書き込めなくて、「おーい、だれかExcelで開きっぱなしの人いない？」なんて聞かなくてはなりません。もし、大きな部署で声がとおらなかったり、開きっぱなしで外出する人がいたりすると、いつまで経っても書き込めないことになります。

だれかがミスしたときに、リカバーが面倒

人間ですから、ミスが生じるのは仕方のないことです。ただ、せっかく入力したリストがまちがって消されたりすると、リカバーするための手間と時間がもったいないことになります。

セキュリティ上の問題が発生しやすい

部内のサーバだと、セキュリティ機能がないNAS（Network Attached Storage）サーバを使っていることもあるでしょう。そうすると、LANに接続しているだれもがワークシートファイルにアクセスできることになります。そのため、情報の漏洩や改ざんが発生しても、犯人を特定することが難しくなります。

Excelの代わりにGoogleスプレッドシートを使おう

Googleスプレッドシートは、表計算ソフト型のクラウドサービスです。Excelほど超高機能ではありませんが、表作成ソフトウェアとしては十分な機能を持っています。また、複数の人が同じワークシートを同時に開いて作業できます。

ワークシートをだれが開いているかは、右上のアイコン表示で知ることができます。それぞれのユーザーアイコンの下には色が表示されており、各ユーザーが編集しているセルの枠がその色になるので、だれがどこを編集しているかが一目瞭然です。

Googleスプレッドシートで共同作業する手順は以下のとおりです。

❶「Googleスプレッドシート」のファイルを開く。
❷ 右上の「共有」ボタンをクリックする。

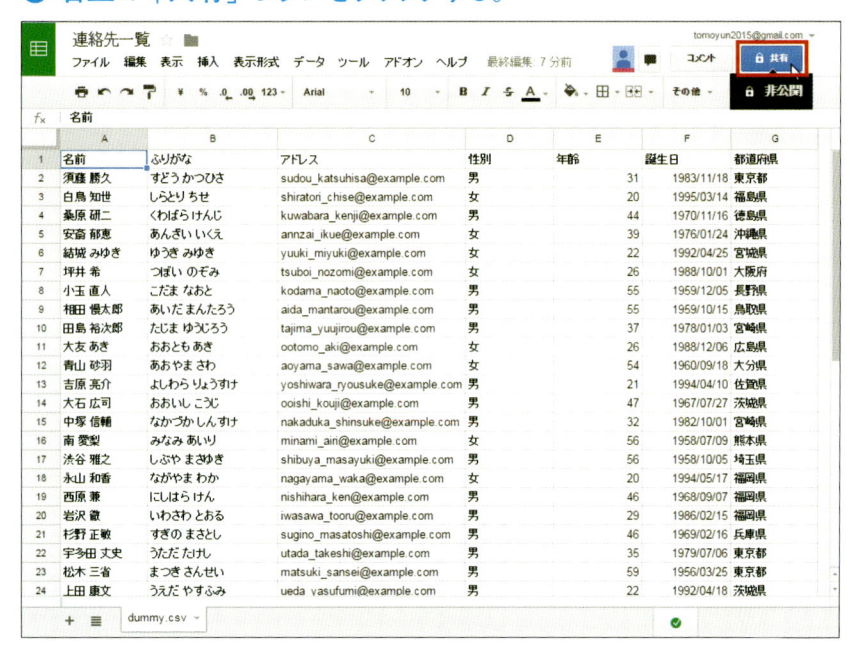

❸ 右下の「詳細設定」をクリックする。

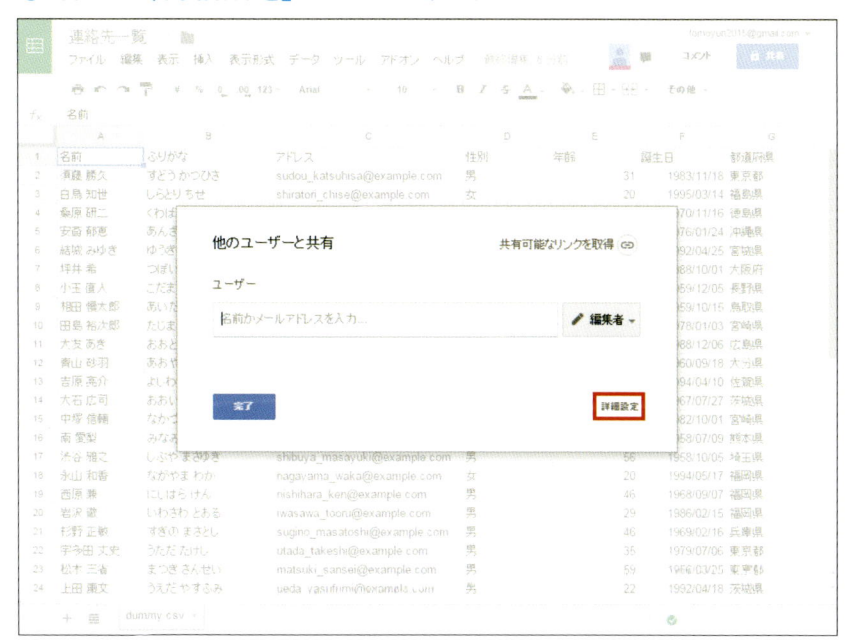

❹「招待」に、共有したい相手のGoogleアカウント（メールアドレス）を入力する。権限は、「編集者」にしておく。

❺「メッセージを追加」をクリックして、共有のメッセージを入力欄に書き込む。このメッセージがメールの本文になる。

❻「送信」ボタンを押す。

　Google Appsの場合、社外の人と共有するときは警告メッセージが出るので、「はい」をクリックします。

❼ 共有が完了すると、「アクセスできるユーザー」の一覧に招待したユーザーが表示されるので「完了」をクリックする。

　以上で、スプレッドシートの共同編集が可能になります。
　共同編集の相手は、複数設定できます。

共有された側には、「編集へのご招待」というメールが届くので、以下のようにします。

❶ メールを開き、「スプレッドシートで開く」をクリックする。
❷ 共有されたスプレッドシートが開くので、そのまま作業を開始する。

このファイル共有の手順は、Googleドキュメント（Wordに相当するワープロ）、Googleスライド（PowerPointに相当するプレゼンツール）でも同じです。

共同作業用フォルダをGoogleドライブで作っておく

チームで共同作業をするなら、書類ごとに共有するよりも共同作業用のフォルダを作ったほうが便利です。ひとたびフォルダを共有してしまえば、以後はそのフォルダに作った書類はいちいち共有設定しなくても、チームの全員が閲覧・編集できます。

問題は、どのサービスを使って共有フォルダを作るかです。フォルダを共有するには、全員分のそのサービスのアカウントが必要なので、アカウントを持っている人が多いサービスのほうが望ましいです。

また、「どんなファイルを、どんな目的で共有するか？」という問題もあります。ファイルの受け渡しだけが目的ならば、どのサービスでもあまり変わりません。しかし、複数のメンバーがファイルを同時に開いて作業するならば、Googleドライブが便利です。具体的なやり方は、第3章131ページを参照してください。

コメントでディスカッションしながら文書を完成させる

「印刷した紙に朱入れ」「Wordの校閲・コメント機能」の限界

　議事録やレポートや契約書、プレスリリースやプレゼンなど、提出や発表までに関係者の間で合意が必要な文書がいろいろあります。

　合意のための一番オーソドックスなやり方は、印刷して回覧し、朱を入れてもらう方法でしょう。しかし、関係者が1つの場所で仕事をしているなら悪くないのですが、場所や時間が異なったりメンバーが増えると、回覧に時間がかかりすぎたり、朱の意図が伝わらなかったり、相反する指示が入ったりと、面倒なことになります。

　もうちょっと気の利いたやり方は、Wordの校閲機能とコメント機能を使う方法です。Wordの文書ファイルの「校閲」機能で「変更履歴の記録」をオンにした状態で関係者にメールに添付して送り、監修する側は適時コメントを挿入しながら添削して、結果のファイルをメールで戻します。直してもらった側は、添削結果を1つ1つ確認しながら、変更を反映（確定）していけばいいのです。

　このやり方は、1対1で修正をやりとりするなら、問題ありません。しかし、もし複数の関係者に添削を依頼するなら、Googleドキュメントのコメント機能を使うとより効率的です。これはWordのコメント機能と似たものですが、文書上でディスカッションできる点が優れています。

文書上でディスカッションして、修正をフィックスしていく

　まず、WordのファイルをGoogleドライブにアップロードし、Googleドキュメントで開いて保存すると、Gogoleドキュメント版が作成されます。この文書ファイルを、Googleスプレッドシートと同じやり方で共有し、以

下の手順で作業していきます。

❶ 文書を共有されたメンバーは、気になる場所に修正を入れたときに、修正理由をコメントする。疑問に思ったことや、提案も、文書の該当箇所を選択して、コメントを付加していく。
❷ コメントや修正の結果は、1つのメールにまとめられ、ほかのメンバーにメールで通知される。
❸ 依頼者は、修正とコメントを確認する。
❹ 問題がなければ、コメントの「解決」をクリックすると、コメントが閉じる。
❺ コメントに対して説明や議論が必要な場合は、「返信」ボタンをクリックして、コメントにレスを付けていく。各コメントが、掲示板のスレッドのように機能する。
❻ 議論が終結したら、「解決」をクリックして、閉じる。

こうしたやりとりを繰り返すことで、文書の完成度を上げていくことができます。慣れると、スピーディに問題を解決できます。

Googleドキュメントでのコメント

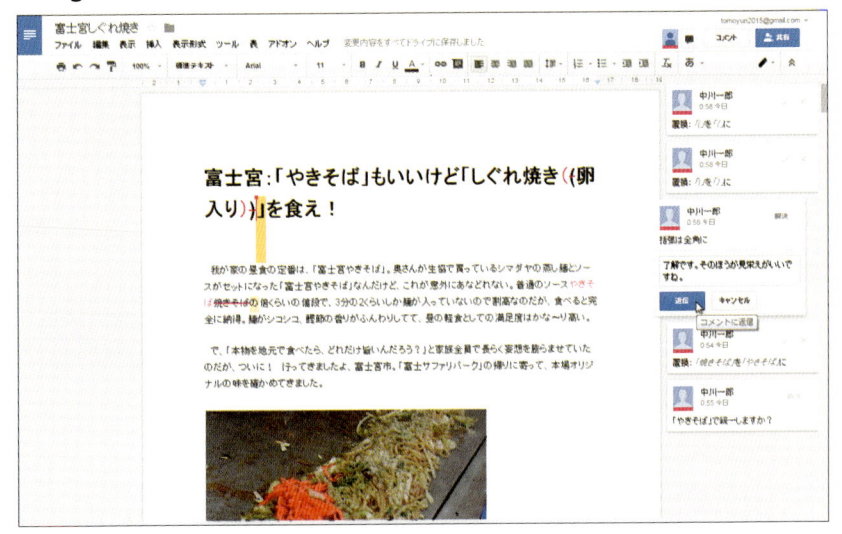

　なお、長い文書にコメントがたくさん付くと、コメントの見落としが発生します。すべてのコメントをまとめて見るには、文書の右上の「コメント」ボタンをクリックします。
　解決したコメントも、右上の「コメント」ボタンから見られます。また、「再開」ボタンで文書上に復活できます。

チームのスケジュールを効率的に調整する方法

会議のスケジュールを整理する4つの方法

　複数の人が協力して1つの仕事にあたるときは、スケジュールの調整が必要になります。調整相手が1人や2人ならかんたんですが、4人を超えると面倒になって、決めづらくなります。
　ここでは会議のスケジュールを調整する方法を考えてみましょう。

対面で調整する

　開催日時が決まっていない会議では、会議の最後に次の日程を調整するのが確実で、一般的でしょう。しかし、自分のスケジュールを把握できていないメンバーがいたりすると、その場で決められません。また、初めての会議を開催するときも、この手が使えません。

メールで調整する

　会議の主催者が候補となる日と時間帯を複数選んで、参加予定者全員にメールで送ります。参加者は予定が合う日時を返信して、全員が参加可能でいちばん近い日時を開催日にします。このやり方も、いまでは一般的になりました。
　弱点は、忙しがってメールにきちんと返事をしない人、メールを見落とす人がいると、うまく機能しないことです。
　また、調整の対象となる期間が3日か4日ぐらいならいいのですが、2週間や1ヶ月と長い場合にもちょっと面倒です。

スケジュール調整ツールを使う

　インターネット上には、複数人数のスケジュールを調整するサイトがたくさんあります。Googleで「スケジュール調整」で検索すれば、「調整さん」

など、たくさんのサービスがヒットします。

それらの使い方はだいたい同じで、「イベント」を作成し、候補となる期間を指定します。すると、専用のURLが生成されるので、それをメールで送って、各自都合のいい日時を入力してもらうというものです。

メールだけで調整するのに比べると、入力や比較がしやすいのがメリットです。ただし、これも入力をさぼる人がいるとうまく機能しません。

グループウェアでスケジュールを共有する

サイボウズなどのグループウェアには、メンバーや会議室などのスケジュールを検索し、空いている日時を見つけて会議を設定できる機能があります。この機能も、やはりメンバーがグループウェアに自分のスケジュールをきちんと登録するよう徹底されている必要があります。

筆者が見てきた中では、IT系の企業はどこでも「空いている時間帯には勝手にスケジュールを入れていい」ことになっていて、社長や取締役のスケジュールでも押さえることができました。逆に、勝手にスケジュールを入れられて自分の仕事時間がなくならないように、グループウェアに自分の仕事時間をあらかじめ確保する習慣も根付いています。

一方、古い企業では年配者≒役職者がグループウェアへの入力やチェックをサボりがちなので、うまく機能しなかったり、秘書やアシスタントが入力やチェックを代行して運用していました。

忙しい会社では、ミーティングの出席人数が増えるとスケジュール調整はどんどん難しくなります。各人の空きスケジュールが一発で探せるグループウェアの導入は、一定以上の規模の会社では必須でしょう。

Googleカレンダーでスケジュールを共有する

ここでは、Goolgleカレンダーによる個人や社外とのスケジュール調整を考えてみます。

社内のスケジュール調整はサイボウズなどのグループウェアがあれば解決できます。また、組織向けのGoogleカレンダー（Google Apps）でも、グ

ループウェアと同様のスケジュール共有が可能です。

　グループウェアによるスケジュール管理の肝は、他人のスケジュールを自由に見られることです。同じ社内なら、情報漏洩の可能性を気にせずにお互いのスケジュールを公開して共有できるので、空き時間を検索して合わせられるでしょう。

　一方、社外の人や個人とスケジュールを合わせるときは、予定の詳細をすべて見せるわけにはいきません。そこで、空き時間の枠だけを相手に知らせるようにしましょう。

　Googleカレンダーには「カレンダーの共有」という機能があって、ほかのユーザーに自分のカレンダーの内容を公開できます。このとき、共有する相手に以下の4段階の権限を与えることができます。

1. 変更および共有の管理権限
2. 予定の変更権限
3. 閲覧権限（すべての予定の詳細）
4. 予定の時間枠のみを表示（詳細を非表示）

　このうち4番目の「予定の時間枠のみを表示（詳細を非表示）」の権限で共有すれば、自分の空き時間だけを知らせることができます。バラバラな会社に所属するチームでも、この機能を使ってスケジュールを共有すれば、空き時間をひと目で探し出せます。手順は以下のとおりです。

❶ 左サイドのMy カレンダーの中から共有するカレンダーを選び、右横にある下向き矢印をクリックする。
❷ 「このカレンダーを共有」を選ぶと、カレンダーの共有画面が表示される。
❸ 「特定のユーザーと共有」の「ユーザー」欄に共有相手のメールアドレスを入れ、「権限の設定」を「予定の時間枠のみを表示（詳細を非表示）」にして、「ユーザーを追加」をクリックする。

❹ 共有を受けたユーザーのGoogleカレンダーに、共有を受けたカレンダーの予定がすべて「予定あり」と表示される。

こちらから相手のカレンダーの公開を依頼することもできます。

❶ 左サイドの「他のカレンダー」の横の下向き矢印をクリックする。
❷ メニューから、「友だちのカレンダーを追加」をクリックする。
❸ 表示された欄に、カレンダーを共有してほしい人のメールアドレスを入力し、「追加」をクリックする。

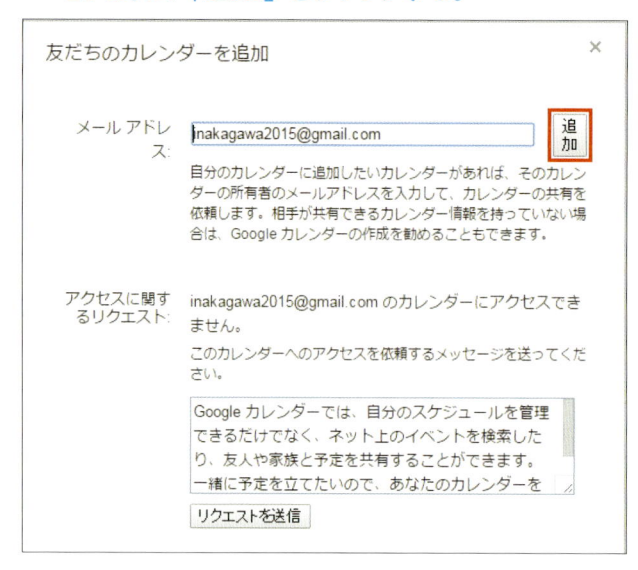

❹ 通常は相手のカレンダーは一般公開されていないため、カレンダーの共有を依頼する以下のメッセージの送信画面になる。

例文
　Googleカレンダーでは、自分のスケジュールを管理できるだけでなく、ネット上のイベントを検索したり、友人や家族と予定を共有することができます。一緒に予定を立てたいので、あなたのカレンダーを私と共有していただけませんか。

❺ 例文を確認して「リクエストを送信」をクリックする。

　上記のようにすると、Gmailにカレンダーの共有依頼メールが届きます。依頼に応えてカレンダーを共有するには、以下のようにします。

❶ メールを開いて、リクエストURLをクリックする。

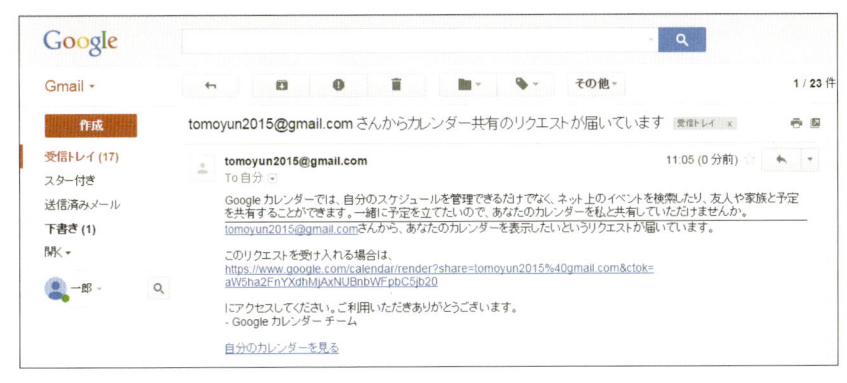

❷ カレンダーの共有設定画面が開く。
❸ 「特定のユーザーと共有」の「ユーザー」欄に共有相手のメールアドレスを入れる。
❹ 「権限の設定」を「予定の時間枠のみを表示（詳細を非表示）」にして、「ユーザーを追加」をクリックする。

外部向けの予約受付は「調整さんカレンダー」で

　飲食店や開業医が外部向けに予約の受付を行ったり、企業内で人事面接の希望時間を割り振るときに便利なサービスが「調整さんカレンダー」です。

　https://chouseisancal.com/

　リクルートが提供するサービスですが、Googleアカウントを使ってログインでき、基本機能は無料で利用できます。利用手順は以下のとおりです。

❶ 調整さんカレンダーにログインすると、自動的に自分専用のアポイント受付カレンダーが作成される。
❷「カスタマイズを開始する」ボタンをクリックする。
❸ 設定画面で、カレンダーの名称、URL、受付時間帯、1コマの時間、休み時間などを設定する。
❹ 公開用URLを顧客向けに公開する。
❺ 予約が入ると、Google カレンダーに自動的に反映される。

調整さんカレンダー

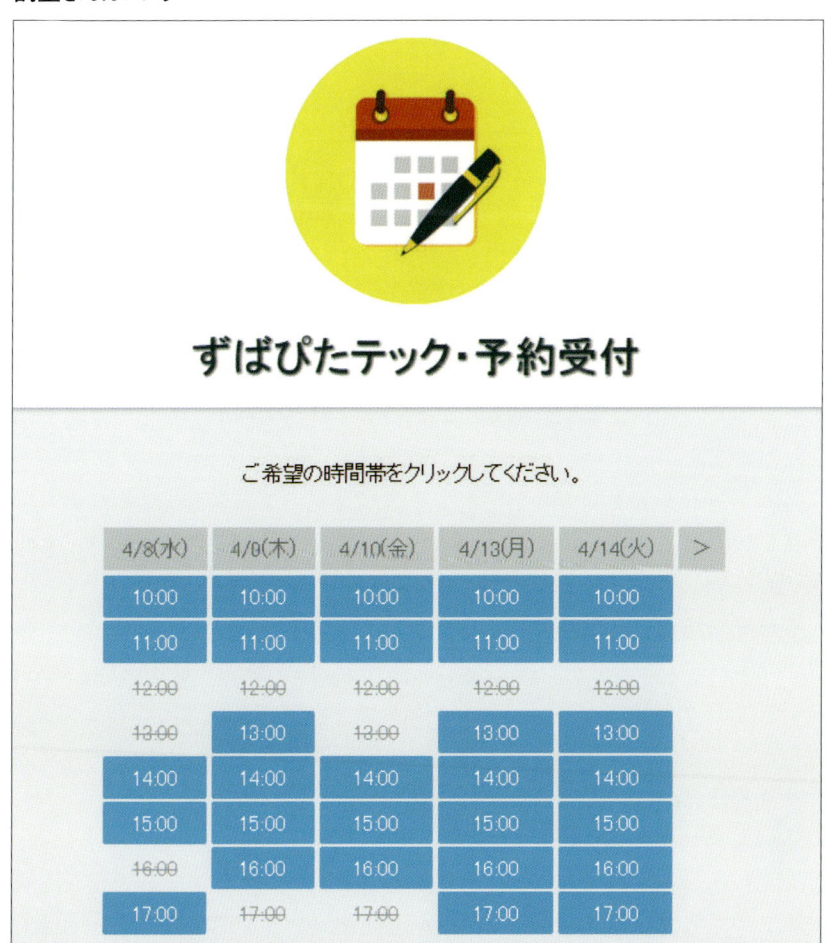

ずばぴたテック・予約受付

ご希望の時間帯をクリックしてください。

4/8(水)	4/9(木)	4/10(金)	4/13(月)	4/14(火)	>
10:00	10:00	10:00	10:00	10:00	
11:00	11:00	11:00	11:00	11:00	
~~12:00~~	~~12:00~~	~~12:00~~	~~12:00~~	~~12:00~~	
~~13:00~~	13:00	~~13:00~~	13:00	13:00	
14:00	14:00	14:00	14:00	14:00	
15:00	15:00	15:00	15:00	15:00	
~~16:00~~	16:00	16:00	16:00	16:00	
17:00	~~17:00~~	~~17:00~~	17:00	17:00	

スケジュールの見積もりと進捗管理を的確にこなす

スケジュールの見積もりにはBrabio!のガントチャートが便利

　仕事をスムーズに進めるには、準備が大切です。そして、準備段階で一番大切なのは、スケジュールをきっちり決めることです。少人数のプロジェクトでも、スケジュールをいい加減にしておくと、途中で遅れが生じても気づくことができず、終盤になって焦ってバタバタしてしまうことになりがちです。

　スケジュールを見積もるときは、タスクを細かく分割して、それぞれのタスクに何日ぐらいかかるか足していって、完了する日付（＝納品日、ローンチ日）を決めます。

　もし先に締め切りが決まっているなら、「その日付までに、各タスクに何日かけられるか？」を割り出します。割り当てた日数では難しいようなら、締め切り日か仕事の内容、どちらかを見直すべきでしょう。こうして、早めにスケジュールを切っておけば、複数の仕事を並行して走らせても手違いや遅れは生じにくくなります。

　そのために有効な手段が、「ガントチャート」です。ガントチャートは、縦方向にタスク、横方向に日付を軸にとり、タスクを実施する予定日を帯で塗りつぶして表示するものです。左上隅がプロジェクトのスタート地点となり、仕事が進むにつれ、水が高い場所から低い場所に流れるように仕事が流れていきます。

　スケジュール管理の定番なので、世の中にはガントチャートを作成するためのアプリやサービスがたくさんあります。それらを試した中で筆者が一番気に入っているのが、「Brabio!」のガントチャート機能です。

Brabio!のガントチャート

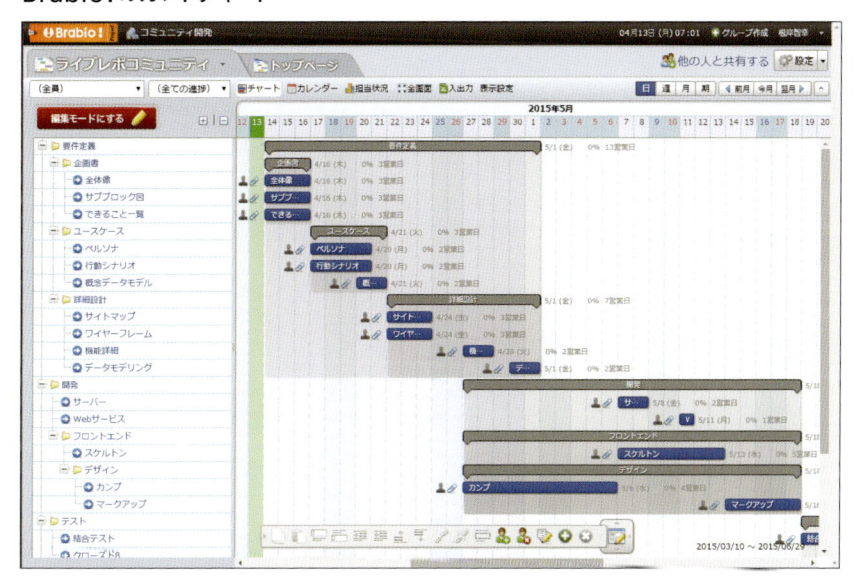

　Brabio!は、プロジェクト管理のためのクラウドサービスです。本来は複数人数でプロジェクトの進捗具合を共有しながら課題を片づけていくためのシステムですが、個人でガントチャート作成専用サービスとして使ってもいいくらい、ガントチャートを素早く作成できます。

　Brabio!は有料のサービスですが、無料でも5人までのチームで使うことができます。無料の場合、作成したガントチャートをExcelのシート形式に書き出せる回数が1日3回までに制限されますが、ちょっとしたプロジェクトを回す程度なら十分に使えてしまいます。ぜひ使ってみてください。

　Brabio!のアカウントを取得してプロジェクトを登録したら、ガントチャート表示にして、編集モードに切り替えます。ここで、プロジェクトの達成に必要なタスクを思いつくままに入力していきましょう。

　タスク一覧の中には、フォルダを作って階層化することもできます。Brabio!では、アウトラインプロセッサのようにかんたんに階層を深くしたり、入れ子関係や位置をキーボードやマウスで変更できます。

　タスクに一覧を入力したら、横長のカレンダーをマウスでドラッグし

て、タスクの実施予定日に帯を描いていきます。担当者を設定したり、メモを付加できます。

最後に、編集モードを終了して保存します。

担当者を設定しておけば、タスクごとに、締め切りが来るとメールで知らせてくれます。

完了したタスクは、状態を「完了」に変更していけば、残りのタスクも把握しやすいです。

目標別の課題管理にはBacklogを

2004年に筆者がライブドアに転職したとき、一番感心したのは、課題管理システムとML（メーリングリスト）によって、猛烈な勢いで仕事が処理されていくことでした。

課題管理システムとは、MLと連動した一種の掲示板です。関係者による担当アサインのリレーがサッカーのボールのパスのように目まぐるしく行われ、「課題」というボールが次々とゴールされていきます。

【課題管理システムのワークフロー】
❶ あるビジネスグループ（事業部やチーム）にビジネス上の課題が発生すると、スレッドが立ち、担当がアサインされる。
❷ スレッドの書き込みは、グループのMLに送られる。
❸ 担当にアサインされたメンバーは、配信されたメールに記載されたURLをクリックして、掲示板を開き、回答を書き込む。必要に応じて別のメンバーを担当にアサインして、回答を要求する。
❹ 新たにアサインされたメンバーが回答を書き込む。
❺ アサインのリレーが終わって課題が片づくと、スレッドはクローズされて、見えなくなる。ただし、あとから検索して参照したり、再開もできる。

これが快感で、仕事が楽しく進みます。急成長するIT企業の秘密を垣間見た気持ちでした。

当時のライブドアの課題管理システムは自社開発したものでしたが、現在はより高機能なクラウドサービスがいろいろ提供されています。なかでも、前述のBrabio!やBacklogというサービスは、日本語化されていてわかりやすく、使いやすいです。

　Backlogは、Wikiによる文書の共有機能やサブタスクを設定できるのが魅力です。ただし、無料で使えるのは最初の30日間だけです。

　筆者は両方を仕事に使っていますが、印象は以下のとおりです。

・スケジュールの見積もりと管理を優先するなら、Brabio!が便利
・目標別の課題管理なら、Backlogのほうが使いやすい

Backlog

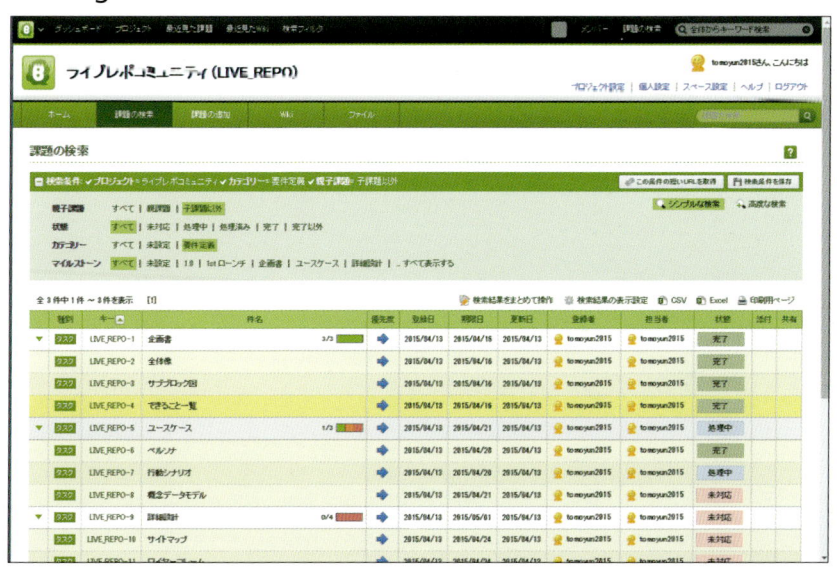

　なお、Backlogも追加料金でガントチャート機能が提供されるそうです。

おわりに
仕事のサイクルを作ろう

「いつも整理整頓」が基本にして奥義

　ここまで、最新の手段を使って仕事を整理し、効率良く進める方法を紹介してきました。いきなりすべてを実践するのは大変でしょうが、少しずつ導入していけば、やるべきことと必要な材料が整理されて、目標に向かって突き進むことが可能になります。

　しかし、忙しい期間が続くと、だんだんと効率が落ちてきます。1つ仕事が片づいても、次に何に手を付けるべきかモヤモヤとしてハッキリしなかったり、気持ちばかり焦って仕事が進まないときがあります。

　そんなときは、次の手順で受信箱やプロジェクトの中を整理します。

❶ Gmailの受信箱を整理する

　もやもやしているときは、受信箱も整理できていないはずです。まず、Gmailの受信箱をきれいに整理しましょう。いろいろなメールが溜まっていませんか？　重要なメールはEvernoteやNozbeに転送し、添付ファイルは各プロジェクト・フォルダにダウンロードしてからアーカイブ。判断がつかないメールもとりあえず、アーカイブしてしまいましょう。これで、ちょっとスッキリします。

❷ Evernoteの受信箱を整理する

　次にEvernoteの受信箱を整理します。プロジェクトに直接関係ない資料は「あとで読む」タグをつけてアーカイブに放り込みます。これでまたちょっとスッキリしてきました。

❸ Nozbeの受信箱を整理する

　プロジェクト管理にNozbeを使っているなら、Nozbeの受信箱を整理して、各プロジェクトに振り分けます。また、整理の途中で思いついた「やるべきこと（ToDo）」もタスクとして登録しておきます。

❹ Nozbe上で優先順位をつける

　Nozbeの各プロジェクトのタスクをチェックして、各タスクの締め切り（日時と所用時間）をできるだけ明確にします。また優先度が高いタスクには星マークを付けます。

❺ Googleカレンダーで予定を確認する

　Nozbeで日付を入れたタスクは、自動的にGoogleカレンダーに登録されます。それ以外にも、必要に応じて予定を登録していきます。そこであらためてNozbeのタスクの日付を変えたり、新しいタスクを登録することもあるでしょう。

❻ Nozbeの星マーク（プライオリティ）トレイを開くと、優先度の高いタスクが並んでいる。その中から、やるべきことを選んで片づけていく

　けっこう手順が多いので、受信箱にたまったメールやノートやタスクが多いと1日では整理が終わらないこともあります。でも、焦らずに、日を分けてでも整理して、きれいにしましょう。
　いったん受信箱がキレイになると、空き時間に受信箱を整理する習慣がつきます。そうなればしめたものです。焦らず効率良く仕事を進められるようになります。

仕事のフレームワークを大切に

「仕事の6S」という言葉があります。整理・整頓・清掃・清潔・躾・作法の6つが大切というものです。

これだけ聞くと、昔ながらの精神主義みたいに感じるかもしれません。また、6つのワードの意味をくわしく知ると、「整理・清掃・作法の3つで済むんじゃないか？」とも思います。ですが、とにかく「6S」という象徴的なキーワードにして、方法論を覚えやすくしておくと、あとで迷わず実行しやすくなります。

経営分析の世界には「3C」「4P」「SWOT分析」などの思考フレームワークがありますが、「6S」は現場の仕事のためのフレームワークだと言えるでしょう。同様に、昔よく言われた「ホウレンソウ」も、野口悠紀雄氏の「超整理法」も、デビッド・アレン氏の「GTD」も、個人の仕事を効率良くするためのフレームワークです。

こういった覚えやすい象徴的な枠組み＝フレームワークを決めて、それに沿って進めることは、効率的に仕事をするのにとても大切です。

自分のやり方＝フレームワークを作ろう

本書で紹介したやり方は、Gmail、Evernote、Dropbox、Googleカレンダー、WorkFlowyなどのクラウドサービスのすべてに「受信箱」と「プロジェクト」と「アーカイブ」の3つの箱を用意し、それぞれで受信箱→プロジェクト→アーカイブという流れで仕事を整理していくと、自然と仕事が片づいていくというものです。

このやり方がすべての人にとって正解ではないかもしれません。しかし、多くの会社でいろいろな仕事をしてきたなかで、筆者なりにさまざまな仕事術の本やブログなどを参考にしながら、汎用性の高い仕事のやり方を研究した結果、こうなりました。そのおかげで、昔に比べると以下のよ

うなメリットが得ることができています。

・先が見通せるようになった
・締め切りを守れるようになった
・仕事のクオリティが安定した
・残業しないで早く家に帰って、趣味や執筆に時間を使えるようになった

　もちろん、これからまた仕事の内容が大きく変わったり、新しいデジタルサービスやガジェットが登場すれば、仕事のやり方＝フレームワークも変わってくるかもしれません。そのときはまた、最善と思えるやり方を作っていくつもりです。
　人によって仕事の種類も職場の環境も異なりますが、あなたも本書を参考に試行錯誤を重ねて、自分ならではの仕事のフレームワークを作ってみてください。

2015年5月　根岸智幸

索引

記号
★タグ ... 224

数字
2画面 ... 292

A
ADF複合機 ... 275
AutoPagerize ... 258

B
Backlog ... 314
BEITEL ... 251
Better History ... 272
bit.ly ... 123
Brabio! ... 312

C
CamScanner ... 216
Cc ... 101
Chrome ... 35, 71, 93, 124, 260, 266
Cookie ... 148

D
Dropbox ... 23, 26, 65, 129, 138, 237, 275
Dropboxユーザー同士でフォルダを共有 ... 140
Due ... 198
dマガジン ... 290

E
Eight ... 276

Evernote
Evernote ... 23, 26, 61, 90, 203, 233, 271, 275, 285, 317
Evernote Web Clipper ... 93, 260
Evernoteのリスク ... 227
Evernoteを使った仕事の手順 ... 211
Excel ... 113, 296

F
Facebook ... 147, 277, 284, 286
Finder ... 29
Firefox ... 37

G
Gmail ... 23, 26, 74, 146, 170, 317
Gmailの3大機能 ... 76
Google Apps ... 110
Google Maps ... 157
Googleアカウント ... 38, 46, 147, 273
Googleカレンダー ... 23, 26, 150, 184, 306, 318
GoogleカレンダーとGoogleマップを連携 ... 159
Googleスプレッドシート ... 246, 297
Googleタスク ... 24, 26, 170, 178
Googleドキュメント ... 233, 248, 302
Googleドライブ ... 24, 129, 132, 134, 301, 302
Googleフォーム ... 280
Google翻訳 ... 257
Gunosy ... 284

I
iCloud ... 147

IDとパスワードの管理を効率化する ... 42
Internet Explorer ... 35
iPhone ... 168

L
Labs ... 104
LastPass ... 42
Life Reminders ... 198

M
mailto: ... 106

N
Nozbe ... 24, 26, 90, 178, 318
Nozbeの基本 ... 180

O
OCR ... 217, 278
OmniOutliner ... 251
OneTab ... 271
OPML ... 239, 250

P
PowerPoint ... 113

S
Safari ... 35
Scrivener ... 239, 251
SmartNews ... 284
SnapCal ... 168
SNS ... 284

T
To ... 102
ToDo ... 26, 90, 170, 174, 184, 202, 318
Twitter ... 284, 286

U
URL ... 123

W
Webブラウザ ... 33, 71, 146, 266, 293
WinArchiver Lite ... 63
Word ... 113, 233, 302
WorkFlowy ... 24, 27, 235

Z
ZIP ... 63, 128

あ
アーカイブ ... 26, 29, 55, 82, 209, 223, 240
アーカイブ機能 ... 76
アイデア ... 202, 232, 238, 243
アウトプット ... 246
アウトラインプロセッサ ... 232
アウトラインを共有する ... 243
あとで読む ... 226
アンケート調査 ... 280
安全なパスワードの条件 ... 42
イベント ... 165
イラスト ... 113
英数字 ... 63
エクスプローラー ... 29

オートページャー　　　　　　　　258
オフラインノート　　　　　　　　227

か

会議　　　　　　　　　　213, 305
階層　　　　　　　　　　　　　241
画像を送る時のマナー　　　　　113
課題　　　　　　　　　　　　　243
課題管理　　　　　　　　　　　314
紙　　　　　　　　　　　274, 302
ガントチャート　　　　　　　　312
キーロガー　　　　　　　　　　146
議事録　　　　　　　　　　　　202
共同作業　　　　　　　　　　　296
共同作業用フォルダ　　　　　　301
共有ファイル　　　　　　　　　　48
共有フォルダ　　　　　　　　　244
クラウド　　　　　　　　　　　　31
クラウドサービスと従来型アプリの違い　34
クラウドサービスの基本　　　　　33
繰り返し　　　　　　　　　　　195
繰り返しイベント　　　　　　　152
グループ　　　　　　　　　　　109
グループウェア　　　　　　　　306
検索　　　　　　　29, 84, 221, 254
検索機能　　　　　　　　　　　　79
検索条件　　　　　　　　　　　　85
検索対象Webサイト　　　　　　256
検索対象期間　　　　　　　　　255
件名　　　　　　　　　　　83, 156
公開の範囲　　　　　　　　　　132
コメント　　　　　　　　　　　302

さ

サイドバー　　　　　　　　　　210
作業ファイル　　　　　　　　　　26
サブモニタ　　　　　　　　　　293
仕事の6S　　　　　　　　　　　319
仕事のフレームワーク　　　　　319
自動振り分け　　　　　　　　　　94
自動補完　　　　　　　　　　　107
写真　　　　　　　　　　　　　113
集計　　　　　　　　　　　　　282
重要な情報を見失わないようにする　271
受信トレイを空にする　　　　　　88
受信箱
　　　　26, 50, 206, 211, 223, 238, 317
情報収集　　　　　　　254, 266, 284
情報漏洩　　　　　　　　　100, 297
ショートカット　　　　　　　　225
署名　　　　　　　　　　　　　　98
資料　　　　　　　　　　　91, 202
スケジュール　　　　　150, 202, 305
スケジュールの見積もり　　　　312
スケジュールを共有する　　　　306
スタック　　　　　　　　　　　204
ストック　　　　　　　　　　　284
スレッド　　　　　　　　　　80, 92
スレッド機能　　　　　　　　　　76
生活習慣　　　　　　　　　164, 198
セキュリティ　　　　　　　　45, 297
全員に返信　　　　　　　　　　103
送受信者一覧　　　　　　　　　104
送信　　　　　　　　　　　　　101
送信取り消し　　　　　　　　　130
挿入　　　　　　　　　　　　　118

た

大画面モニタ	292
ダウンロード先	71
タグ	204, 221, 229
タグを整理する	222
タスク	318
タスク内チェックリスト	191
タスクに資料を紐づける	188
タスクの登録を一発で終わらせる	189
タスクのリピート機能	196
タスクをプロジェクト化する	193
タスクを分割	176, 191
タブ表示	266
短縮URL	123, 126
地図	283
調整さんカレンダー	310
ツイエバ	285
追加	114
ツー・ルール	26
定型文	105
ディスカッション	302
データ登録用のメールアドレス	91
出先	146
手帳	150
電子雑誌	289
電子書籍	288
転送	90
添付	113, 114, 115, 121, 128, 131
テンプレート	61, 195
添付忘れ	129
同期	44

な

名前をつける2つのルール	61
二段階認証	147
日本語	63
ノート	26, 202, 204
ノートブック	204, 221
ノートブックとタグの違い	221
ノートを共有	219

は

パスワード	41
ハッシュタグ	190, 236
はてなブックマーク	285
ひな形	104
ビューン	290
ファイル検索	59
ファイル仕分けのルール	50
ファイル名	63
ファイルを復活させる	67
複合語	255
ブックパス	290
ブックマーク	271
プライベート	160
プライベートブラウズ機能	147
プリンタ	275
ブレーンストーミング	242
フロー	284
プロジェクト	26, 29, 54, 60, 174, 208, 223, 238
文章	121
分類	29, 84, 221
ページめくり	258
ポップアップ	154

ま

ホワイトボード	216
マインドマップ	232
名刺	276
メーリングリスト	94
メール	26, 74, 293
メールアドレス	107
メール環境	74
メールの通知	154
メモ	26, 91, 202
メモとノートの違い	202
メモの基本	213
メモの整理	218
メルマガ	94

や

予定	26, 151, 152, 163, 318
予定の名前	156
予約受付	310

ら

リファレンスファイル	60
粒度	241
履歴	147
履歴から情報を掘り起こす	272
リンク	105
ルーチンワーク	22, 60, 163, 195
連名	102
連絡先	98, 107, 283
連絡先を整理する	109

わ

ワーキングファイル	60
ワンポケット	31, 65
ワンポケットの原則	25

[著者紹介]

根岸智幸（ねぎし・ともゆき）

　1963年生まれ。大学時代はマジックサークルでエンターテインメントとショウビジネスの作り方に触れ、アルバイトでは某レストラングループで赤字店の改革を得意とする名物店長の下、顧客サービスのあり方と能力を超えた仕事の片づけ方を学んだ。

　卒業後、株式会社CSKにてIBM製大型コンピュータのソフトウェアエンジニアとして、入社早々に難関プロジェクトのOSコア周辺を担当。精鋭SEが集まった大規模なシステム入れ替えプロジェクトにおいて、プロフェッショナルの流儀を学んだ。

　1989年に株式会社アスキーのコンピュータ総合誌『月刊アスキー』編集部に転職。編集記者として、硬派な専門記事に加えてビジネス向けの記事やアイドル企画まで幅広く担当。15年間で8つの雑誌に関わり、8度の創刊やリニューアルに参加。1998年に月刊インターネットアスキー編集長、2003年に月刊アスキーPCエクスプローラー編集長。

　インターネットアスキーの取材を通してネットコミュニティの開発に興味を持ち、2000年にクチコミ・グルメサイトの先駆けとなった「東京グルメ」を企画・開発。個人サイトながら大手商業サイトと並ぶ評判となり、2004年に株式会社ライブドアに営業譲渡。同時にライブドアに入社。野球騒動、フジテレビ騒動、ライブドア事件のなかで、ひと回り年下の若者たちと仕事をしながら、先端IT企業の開発手法と仕事の進め方を学び吸収した。

　2006年にライブドアを退職し、出版社の献本を書評ブロガーに届ける書評コミュニティ「本が好き!」を企画・開発。その後、複数のCGM／ソーシャルメディア系プロジェクトを手がけたり、出版社向けWeb広告企画の立案・制作を行った。

　2013年には、電子書籍専門レーベル「カドカワ・ミニッツブック」の創刊に関わり、公式Webサイトや電子書籍を企画・制作。

　現在も電子書籍関連の仕事を中心に活動している。

　著書に『Twitter使いこなし術』『facebook使いこなし術』（ともにアスキー・メディアワークス）など。

Twitter @zubapita

[装丁・本文デザイン]
水戸部 功
[DTP]
SeaGrape
[編集]
傳 智之

お問い合わせについて

本書に関するご質問は、FAXか書面でお願いいたします。電話での直接のお問い合わせにはお答えできません。あらかじめご了承ください。下記のWebサイトでも質問用フォームを用意しておりますので、ご利用ください。ご質問の際には以下を明記してください。

・書籍名　・該当ページ　・返信先（メールアドレス）

ご質問の際に記載いただいた個人情報は質問の返答以外の目的には使用いたしません。お送りいただいたご質問には、できる限り迅速にお答えするよう努力しておりますが、お時間をいただくこともございます。なお、ご質問は本書に記載されている内容に関するもののみとさせていただきます。

問い合わせ先
〒162-0846　東京都新宿区市谷左内町21-13
株式会社技術評論社　書籍編集部
「ほんの1秒もムダなく片づく 情報整理術の教科書」係
FAX：03-3513-6183
Web：http://gihyo.jp/book/2015/978-4-7741-7409-9

ほんの1秒もムダなく片づく
情報整理術の教科書

2015年 7月 25日　初版　第1刷発行

［著　者］　根岸智幸（ねぎしともゆき）
［発行者］　片岡　巖
［発行所］　株式会社技術評論社
　　　　　東京都新宿区市谷左内町21-13
　　　　　電話　03-3513-6150　販売促進部
　　　　　　　　03-3513-6166　書籍編集部
［印刷・製本］日経印刷株式会社

定価はカバーに表示してあります。
本書の一部または全部を著作権法の定める範囲を超え、
無断で複写、複製、転載、テープ化、ファイルに落とすことを禁じます。
©2015　有限会社ずばぴたテック

造本には細心の注意を払っておりますが、
万一、乱丁（ページの乱れ）や落丁（ページの抜け）がございましたら、
小社販売促進部までお送りください。送料小社負担にてお取り替えいたします。

ISBN978-4-7741-7409-9　C0034　Printed in Japan